Die zwölf Grundannahmen der Netzwerkforschung

Christian Stegbauer

Die zwölf Grundannahmen der Netzwerkforschung

Christian Stegbauer
Campus Westend-PEG, Rm 3.G178
Goethe-Universitat Frankfurt am Main
Frankfurt am Main, Hessen, Deutschland

ISBN 978-3-658-44599-7   ISBN 978-3-658-44600-0   (eBook)
https://doi.org/10.1007/978-3-658-44600-0

Die Deutsche Nationalbibliothek verzeichnet diese Publikation in der Deutschen Nationalbibliografie; detaillierte bibliografische Daten sind im Internet über https://portal.dnb.de abrufbar.

© Der/die Herausgeber bzw. der/die Autor(en), exklusiv lizenziert an Springer Fachmedien Wiesbaden GmbH, ein Teil von Springer Nature 2024

Das Werk einschließlich aller seiner Teile ist urheberrechtlich geschützt. Jede Verwertung, die nicht ausdrücklich vom Urheberrechtsgesetz zugelassen ist, bedarf der vorherigen Zustimmung des Verlags. Das gilt insbesondere für Vervielfältigungen, Bearbeitungen, Übersetzungen, Mikroverfilmungen und die Einspeicherung und Verarbeitung in elektronischen Systemen.
Die Wiedergabe von allgemein beschreibenden Bezeichnungen, Marken, Unternehmensnamen etc. in diesem Werk bedeutet nicht, dass diese frei durch jedermann benutzt werden dürfen. Die Berechtigung zur Benutzung unterliegt, auch ohne gesonderten Hinweis hierzu, den Regeln des Markenrechts. Die Rechte des jeweiligen Zeicheninhabers sind zu beachten.
Der Verlag, die Autoren und die Herausgeber gehen davon aus, dass die Angaben und Informationen in diesem Werk zum Zeitpunkt der Veröffentlichung vollständig und korrekt sind. Weder der Verlag noch die Autoren oder die Herausgeber übernehmen, ausdrücklich oder implizit, Gewähr für den Inhalt des Werkes, etwaige Fehler oder Äußerungen. Der Verlag bleibt im Hinblick auf geografische Zuordnungen und Gebietsbezeichnungen in veröffentlichten Karten und Institutionsadressen neutral.

Planung/Lektorat: Cori Antonia Mackrodt
Springer ist ein Imprint der eingetragenen Gesellschaft Springer Fachmedien Wiesbaden GmbH und ist ein Teil von Springer Nature.
Die Anschrift der Gesellschaft ist: Abraham-Lincoln-Str. 46, 65189 Wiesbaden, Germany

Wenn Sie dieses Produkt entsorgen, geben Sie das Papier bitte zum Recycling.

In a Nutshell – was Sie in diesem Buch erfahren

- Das Buch wird Ihnen bei der Orientierung im Feld der Netzwerkforschung helfen. Diese Orientierung wird anhand der wichtigsten Grundannahmen vor Augen geführt. All diese Grundannahmen werden erläutert und meist mit lebensnahen Beispielen versehen. Die Idee ist, dass man dadurch in die Denkweise dieser Forschungsrichtung eintauchen kann.
- Es wird erklärt, warum die Netzwerkforschung an Beziehungsstrukturen interessiert ist und warum dabei die Beziehungsstärke eine Rolle spielt. Dabei wird aufgezeigt, warum in der Netzwerkforschung ein bestimmter, rein formaler Begriff von Netzwerken die Hauptrolle spielt. Inhaltliche oder gar normative Netzwerkbegriffe spielen keine Rolle. Struktur meint im Zusammenhang mit der Netzwerkforschung, dass es hauptsächlich auf Beziehungsmuster ankommt. Eine Beziehung zwischen zwei Personen ist zu wenig, um von einem Muster zu sprechen. Erst ab drei Personen ist das überhaupt möglich.
- Im Buch finden Sie auch, wie die Strukturen von Beziehungen wirken. Dabei spielt eine Rolle, dass große Teile der Netzwerkstruktur hinter unserem Rücken entstehen bzw. schon immer da sind (bzw. vor uns da waren). Vieles wird dadurch bestimmt, wo wir uns zu

welcher Zeit befinden. Der Begriff dafür ist „Strukturation". Hierdurch entstehen Strukturen, die für uns nicht sichtbar sind. Gleichwohl sind sie entscheidend dafür, mit wem wir in Kontakt kommen. Welche Freunde wir haben und welchen Einfluss diese auf uns ausüben, liegt also größtenteils überhaupt nicht in unserer Hand. Es gibt einen deutlichen Unterschied zwischen dem, was wir erleben und was wir erzählen können, und dem, wie Beziehungsstrukturen wirken.

- Weiterhin wird in diesem Buch aufgezeigt, inwiefern unser Verhalten von unserem Wissen um die Beziehungen der anderen um uns herum bestimmt wird. Da das Verhalten aller von ihren Kenntnissen über das Netzwerk abhängt, sind wir verwoben in Sympathien und Antipathien. Kurz – es ist eine Menge an Wissen notwendig, um sozial kompetent im Netz der Beziehungen navigieren zu können. Durch das Wissen und den davon abhängigen Zuschreibungen der anderen wird zusätzlich bestimmt, mit wem wir uns anfreunden können. Der Begriff dafür ist der der Kognitiven Sozialstruktur (engl. CSS für Cognitive Social Structure).
- Das Buch zeigt ferner, wie unsere Kultur in Netzwerken entsteht und weitergegeben wird. Dabei meint der Begriff der Kultur nichts anderes als das, was uns tagtäglich begegnet und beschäftigt. Kultur besteht aus Normen und Werten, aus situationsbedingten Verhaltensweisen, daraus, was wir denken und wie wir die Worte und das Benehmen der anderen interpretieren. Was hier unter Kultur verstanden wird, besteht aus verschiedenen Komponenten, eine davon ist fluide und bildet sich in sozialen Beziehungen immer wieder neu. Sie wird adaptiert und von Situation zu Situation weitergegeben. Allerdings findet sich neben dem Ungewissen, dem Bestandteil, der sich immer wieder ändert, auch noch ein Teil, den wir nicht beeinflussen können und den wir normalerweise auch nicht wahrnehmen können. Das Buch zeigt auf, wie Kultur in Ketten von Situationen weitergegeben wird und wie Bestandteile der Kultur zwischen unterschiedlichen Kreisen ausgetauscht werden.
- Ferner erklärt das Buch auch, wie sich solche Übertragungen von Kultur messen lassen. Dabei handelt es sich nicht um ein Methodenbuch, sondern um eines, welches die grundsätzlichen Denkweisen der Netzwerkforschung in den Vordergrund rückt.

Inhaltsverzeichnis

Warum diese Grundannahmen? 1

Annahme 1: Netzwerkforschung fokussiert auf die Beziehung und nicht den Einzelnen 9
Quantitative Befragungen 10
Qualitative Interviews 14
Das Muster von Beziehungen im Fokus 14

Annahme 2: Identitäten – was wir sind, werden wir durch Beziehungen 17
Individualisierung und Moderne 18
Identität und kulturelle Werkzeuge 19
Identität aus Unsicherheit 21

Annahme 3: Zwei, drei, unter 10, viele: Grundregeln der Strukturbildung 23
Triaden 24
Die kleine Gruppe 27
Die große Gruppe 27
Mit wie viel Personen können wir überhaupt in Kontakt stehen? 28

Annahme 4: Stärke von Beziehungen und was das für uns bedeutet — 31
Starke Beziehungen — 32
Schwache Beziehungen — 34
Superschwache Beziehungen — 36
Das Zusammenwirken verschiedener Beziehungsstärken — 38

Annahme 5: Hinter unserem Rücken: Beziehungsstrukturen wirken auch wenn wir sie nicht wahrnehmen — 41
Freunde, die füreinander bestimmt sind — 43
Gelegenheiten zum Kennenlernen — 43
Gesättigte Freundschaften und Gier nach Kontakten — 44
Ob man Freunde hat, hängt vom Studienort ab — 45
Wir wissen nicht, wie die Umstände wirken — 47

Annahme 6: Die Struktur von Beziehungen begrenzt uns — 49
Abgeschnitten vom Rest des Netzwerks — 49
Beziehungsverbote — 51
Warum wir manchen Menschen niemals über den Weg laufen — 52
Langfristige Strukturen – entscheidend ist, wann wir geboren sind — 53
Ungleichheit zeigt sich im Muster des Netzwerks — 55

Annahme 7: Unser eigenes Beziehungsarrangement wird von anderen bestimmt — 59
Wer bestimmt, wer zu Hause putzen muss? — 60
Hochzeitsfeiern — 61
Selbst zu zweit sind wir nicht allein — 62

Annahme 8: Was man über das Netzwerk weiß, ist entscheidend für das Verhalten: Kognitive Sozialstruktur — 65
Woher wissen wir, wer mit wem in Beziehung steht? — 66
Wie können wir uns die vielen Beziehungen merken? — 67
Wo endet der soziale Horizont? — 69
So klein ist die Welt — 70
Wenn die Organisation wüsste, was die Organisation weiß — 74

Annahme 9: Die Struktur von Beziehungen erklärt das Verhalten und die Einstellungen der Menschen   77
Die Teller im Restaurant ablecken   78
Was uns gefällt, bestimmt das Netzwerk   81
Warum wir einander ähnlich werden, ohne es zu merken?   83

Annahme 10: Unsere Kultur entsteht in Netzwerken   85
Warum wir immer nur bestimmte Leute treffen   86
Kultur entsteht immer, wenn Menschen zusammenkommen   87
Selbst dann, wenn wir die anderen nicht kennen, beeinflussen sie uns   92

Annahme 11: Bimodale Netzwerke: Was man alles über Beziehungen wissen kann, ohne die Beteiligten zu fragen   95
Die Dualität von Personen und Gruppen   96
Das Problem der vielen Leute   100

Annahme 12: Organisationen stehen über gemeinsame Mitgliedschaften miteinander in Beziehung   103
Wie Organisationen voneinander lernen können   104
Problemlösungen kommen von außen   106

Fazit   111
Der Zusammenhang der grundlegenden Annahmen   112
Die Ordnung der Grundannahmen in diesem Band   117
Das Faszinierende an der Netzwerkforschung   118

Was das Buch Ihnen gebracht hat   121

Literatur   125

Warum diese Grundannahmen?

Die Netzwerkforschung ist eine der wichtigsten empirischen und theoretischen Richtungen in den Sozialwissenschaften und Teilen der Geisteswissenschaften ebenfalls. Das Besondere daran ist, dass nicht, wie sonst so oft, der Einzelne im Mittelpunkt steht, sondern die Beziehungen der Menschen. Die Beziehungen der Menschen reicht noch nicht aus, wir interessieren uns für die Struktur dieser Beziehungen. Damit gehen zahlreiche Annahmen einher, von denen ich die wichtigsten in diesem Büchlein benennen will. Der Text soll die grundlegenden Ideen vorstellen und auf diese Weise dabei helfen, sich in diesem Feld zu orientieren.

Ich habe ein Dutzend Grundannahmen aus der Netzwerkforschung für das Buch ausgewählt, welche ich hier in der gebotenen Kürze vorstelle. Dabei zeige ich auch, warum gerade diese wichtig sind. In den einzelnen Abschnitten stecken natürlich auch noch weitere bedeutende Ideen, diese habe ich aber in die Kapitel integriert. Im Buch stehen die Grundannahmen nebeneinander und gelegentlich wird auch von der

---

Für Hinweise und Korrekturen danke ich Jutta Wörsdörfer, Nina Rodmann und Jihyun Yi.

© Der/die Autor(en), exklusiv lizenziert an Springer Fachmedien Wiesbaden GmbH, ein Teil von Springer Nature 2024
C. Stegbauer, *Die zwölf Grundannahmen der Netzwerkforschung*,
https://doi.org/10.1007/978-3-658-44600-0_1

einen Annahme auf eine andere Annahme Bezug genommen. Manchmal wären systematische Verknüpfungen vielleicht stärker geboten, diese finden sich aber in anderen Werken (z. B. Stegbauer 2016, 2023).

An dieser Stelle möchte ich par force die einzelnen grundlegenden Annahmen durchgehen. Ich beginne mit der ersten: Dabei geht es um die Fokussierung auf die Beziehungen selbst. Die Netzwerkforschung berücksichtigt in ihren Analysen die sozialen Kontexte in Form von Verflechtungen in Beziehungsmustern. Dabei ist die eigenständige Vorgehensweise der hier vorgestellten Forschungsrichtung von besonderer Bedeutung. Sie grenzt sich mit den von ihr verwendeten Methoden von anderen Forschungsmethoden ab. Man spricht gar vom antikategorischen Imperativ (Emirbayer und Goodwin 1994: 1414). Dieses Postulat steht im Gegensatz zur Umfrageforschung und meint die strikte Ausrichtung auf die Relationen. Während in der Umfrageforschung die Befragten voneinander unabhängig sein müssen, sind die Beziehungen in der Netzwerkforschung geradezu Voraussetzung für die Analyse. In der Umfrageforschung werden individuelle (wenn auch anonyme) Eigenschaften von Befragten kumuliert und miteinander in Beziehung gesetzt. Erklärt wird dann durch sog. unabhängige Variablen wie dem Geschlecht, der Höhe des Einkommens oder dem Level an Bildung oder durch Kombinationen solcher Merkmale. Die Variablen erklären aber eigentlich nichts, denn letztlich stehen hinter solchen Merkmalen weitergehende Annahmen. Meist sind es ebenfalls Beziehungen, wobei diese aber nicht in die Messung einbezogen werden bzw. nicht einbezogen werden können, da dies den dahinterstehenden wissenschaftstheoretischen Annahmen widersprechen würde. Man kann sagen, dass häufig das, was die Umfrageforschung an Verhaltensweisen oder Einstellungen misst, durch die Netzwerkforschung anhand von Beziehungsstrukturen oder von sozialen Situationen (also wenn man mit anderen zusammenkommt) aufzuklären wäre. Die Zusammenhänge stecken nicht in den Merkmalskombinationen von Individuen selbst, sondern in den Relationen und in den Mustern, die sich aus einer Zusammenschau der Beziehungen ergeben. Aufgrund beziehungsstruktureller Gegebenheiten kommen beispielsweise Menschen mit hohem Einkommen mit ebensolchen zusammen. Dort werden dann die Einstellungen verhandelt. In Situationen in denen Mitglieder dieser Gesellschaftsschicht aufeinandertreffen und in Berichten darüber werden die Haltungen erst erzeugt. Das, was in der traditionellen Befragungsforschung gemessen wird, ist also ein Produkt von Beziehungsstrukturen. Man misst also an der eigentlichen Erklärung vorbei, weil die relationalen Grundlagen nicht berücksichtigt werden.

Man kann sogar noch weiter gehen, und das tue ich auch und zeige in der zweiten Grundannahme auf, inwiefern die Herausbildung unserer Identitäten, unseres Wollens und unseres Verhaltens, Produkt von Relationen ist. Die Menschwerdung an sich, so behaupte ich es etwas zugespitzt[1], liegt an den Beziehungen selbst. Wir könnten ohne Beziehungen nicht überleben. Das beginnt bereits als Säugling und begleitet uns bis in den Tod. Unsere Beziehungen kann man als eine Art von Universum betrachten, in dem uns das meiste dessen, was uns möglich erscheint, vorgelebt wird. Wenn Menschen daraus ausbrechen, ändert sich ihr Universum und neue Möglichkeiten entstehen, die dann wiederum Rückwirkung auf die Identität der Personen haben.

Die Beziehungen unterliegen praktisch immer bestimmten Strukturmustern, die sich kulturell in unserer Gesellschaftsentwicklung herausgebildet haben. Allerdings unterliegen die vielen Möglichkeiten der Strukturbildung auch bestimmten Restriktionen noch weit grundsätzlicherer Art. Diese sorgen dafür, dass bestimmte Muster immer wieder auftauchen und teilweise sogar selbstähnlich sind. Welche grundlegenden Muster die Beziehungen ausbilden, wird in der dritten Grundannahme betrachtet. Die Möglichkeiten des Netzwerks sind unter anderem von der Anzahl an involvierten Personen abhängig. Es ist ein Unterschied, ob zwei, drei oder mehr Personen zusammenkommen. Die wichtigste Differenz ist die zwischen zweien und dreien, aber auch bei größeren Konstellationen ändern sich immer wieder die Möglichkeiten im Umgang miteinander. Die entstehenden Muster sind universell, sie sind nicht von einzelnen Personen direkt beeinflussbar. Umgekehrt beeinflussen die Strukturen aber die Personen, die darin verwoben sind.

Wie man miteinander umgeht, ist auch abhängig von der Stärke der Beziehungen, so die vierte Grundannahme. Starke Beziehungen wirken

---

[1] Behaupte ich im Anschluss an Howard Becker (1956).

vor allem unterstützend in vielfacher Hinsicht. Mit schwachen Beziehungen verbindet man eher den Austausch von Informationen. Superschwache Beziehungen hingegen sind wichtig, um eine gemeinsame Kultur zu entwickeln, die vor allem davon lebt, dass die Menschen sich ihr eigenes Verhalten bei anderen abschauen. Allerdings muss man in einer Betrachtung zur Stärke von Beziehungen auch beachten, dass diese häufig in Kombinationen erst richtig wirken. Wenn man beispielsweise mit einer Freundin eine Veranstaltung besucht und sich dort dem Verhalten der anderen anpasst, so wird das häufig untereinander in der starken Beziehung zu der Freundin noch einmal besprochen. Die Bestätigung in der vertrauten Beziehung verstärkt die Wirkung des Erlebten.

Beziehungen sind strukturiert und deren Muster lassen sich beschreiben. Ein Großteil der Strukturen aber bildet sich hinter dem Rücken der Menschen, so die fünfte Annahme. Das bedeutet, dass wir als einzelne Menschen die Entstehung der Struktur, die uns dann mitbestimmt, gar nicht wahrnehmen können. Diese Prozesse entziehen sich unserem Erleben. Das bedeutet aber auch, dass solche wissenschaftlichen Erhebungsmethoden, die sich auf das Erleben beziehen, wie Befragungen oder Interviews, zu dem Geschehen hinter dem Rücken der Menschen gar keinen Zugang haben. Man sollte sich dieser Tatsache bei der Verwendung solcher Methoden bewusst sein.

Die sechste Annahme zeigt noch einmal von einer anderen Seite her auf, inwiefern die Struktur uns Menschen Grenzen auferlegt. Solcherart Grenzen haben häufig auch etwas mit Ungleichheit zu tun. Diese Ungleichheit entsteht, weil die Ressourcen in Netzwerken aufgrund ihrer Struktur begrenzt sind. Typisch sind beispielsweise Zentrum-Peripherie-Strukturen. Dabei regulieren die Personen im Zentrum den Informationsfluss im Netzwerk und verschiedene Seiten der Peripherie kommen gar nicht direkt in Kontakt miteinander.

Die Nummer sieben der grundlegenden Annahmen bezieht sich auf den Kontext oder man könnte diesen auch als Ökologie der Beziehungen bezeichnen. Auch hierbei handelt es sich um etwas, was sich für die Beteiligten kaum wahrnehmen lässt. Die Freunde und Verwandten beispielsweise bestimmen mit, wie man auch bei deren Abwesenheit miteinander umgeht. Werte, Normen und Konventionen für Verhalten haben also auch immer einen Bezug auf die anderen Menschen um uns herum. Es ist uns wichtig, was diese Menschen von uns denken und ob das getroffene Verhaltensarrangement damit kompatibel ist. Insofern tragen wir Beziehungen immer mit uns herum, auch wenn die Personen gar nicht anwesend sind oder wenn wir im Kleinen mit unseren Partnerschaften überlegen, wie wir unsere Beziehung gestalten.

Verhaltensrelevant sind aber nicht nur die Beziehungen, die uns umgeben, sondern auch unser Wissen oder unsere Mutmaßungen über die Relationen der anderen, so die achte Grundannahme. Man sollte nicht über anwesende Personen reden – man redet mit ihnen. Falls es doch notwendig ist, über Leute, die im Moment dabei sind, zu reden, so sollte man sich auf jeden Fall positiv über diese äußern. In der achten Annahme nun wird behauptet, dass man grundsätzlich etwas über die Beziehungen der anderen wissen sollte, bevor man über jemanden schlecht redet – selbst dann, wenn die Person gar nicht präsent ist. Wenn wir über jemanden tratschen, der abwesend ist, so sollte das nicht geschehen, wenn ein guter Freund oder eine Freundin dieser Personen dabei ist. Das könnte dann dieser Person zugetragen werden. Eine bestehende Beziehung wird dadurch in Mitleidenschaft gezogen. Möglicherweise tangiert dies sogar noch weitere Beziehungen, denn durch die Verwobenheit von Zuneigungen können durch Konflikte auch positive Beziehungen sich ins Negative umkehren. Hintergrund dazu sind die Überlegungen zur strukturellen Balancierung. Die Notwendigkeit über die Beziehungen der uns umgebenden Personen Bescheid zu wissen, geht aber weit darüber hinaus. Wir erhalten dadurch Orientierung. Diese hilft uns, herauszufinden, über wen wir nötigenfalls einen Kontakt herstellen können.

Die neunte Grundannahme zeigt noch etwas anderes auf, nämlich dass unser Verhalten in praktisch allen Bereichen des Lebens sehr stark von den Beziehungen abhängt, in denen wir uns befinden. Die Netzwerkforschung kann das nachweisen, etwa hinsichtlich dessen, was Laster angeht, die Palette reicht vom Rauchen bis zum Übergewicht. Untugenden sind also keineswegs Phänomene, die sich ohne Weiteres durch eine persönliche Änderung des Verhaltens beenden ließen. Die in Rede stehenden Verhaltensweisen manifestieren sich nämlich in der Struktur der Beziehungen. In der Konsequenz könnte das bedeuten, dass man zum Abschütteln einer Schwäche sich auch neue Leute suchen muss.

Ein Großteil der Beziehungen müsste infrage gestellt werden. Es hört aber nicht bei Untugenden wie den genannten auf. Unsere Einstellungen und Präferenzen sind von den uns umgebenden Menschen abhängig und selbst die Art und Weise, wie wir uns kleiden, hängt von anderen ab. Wobei Letzteres nicht zu hundert Prozent stimmt, denn wir sind keine Sklaven der anderen, sondern wir sind an der Konstruktion der Kultur, nach der wir uns verhalten durchaus auch selbst beteiligt.

Wie solche Kulturen entstehen werden, darüber berichtet die zehnte Grundannahme. Das passiert auf der einen Seite wirklich im Kleinen, bei der Aushandlung von Mikrokulturen in persönlichen Beziehungen. Überall, wo Menschen zusammen sind, produzieren sie Bestandteile einer Kultur. Diese gilt natürlich zunächst nur im Kleinen. Diese Kulturproduktion erfolgt durch die Anwesenheit in gemeinsamen Situationen. Man kann hier von Ketten von Situationen sprechen. Diese führen einerseits zur Herausbildung von Beziehungen und andererseits zur Entwicklung von Mikrokulturen mit denjenigen mit denen man in einer Beziehung steht. Die Kulturproduktion läuft aber ständig, immer dann, wenn andere Menschen anwesend sind. Das gilt auch für Situationen, die von weniger engen Beziehungen (siehe Annahme 4 zur Stärke von Beziehungen) geprägt sind.

Die elfte Annahme greift Situationen wieder auf und behauptet, dass man als Forschende etwas über Beziehungen weiß, sogar dann, wenn man diese gar nicht direkt erhoben hat oder nicht dabei war in der Situation. Es reicht aus, wenn man weiß, wer zugegen war. Es handelt sich um die Dualität von Personen und Ereignissen (bzw. Gruppen, wie Breiger 1974 diesen Zusammenhang beschrieb). Was ein Ereignis oder ein Event ist, da gibt es vielfältige Interpretationen. Im Originaltext, der Breigers Untersuchung zugrunde liegt, handelte es sich um Kartenabende oder Wohltätigkeitsbasare. Es geht jedenfalls darum, dass bei einem solchen Ereignis Menschen zusammentreffen. Manchmal bezeichnet ein Ereignis auch eine Sammlung von Gelegenheiten. So könnte man in etwa das in Abteilungen geordnete Zusammentreffen von Mitarbeitenden in Organisationen beschreiben. Die Zugehörigkeit zu einer Abteilung würde dann als ein Event oder Ereignis betrachtet, mit dessen Kenntnis man ein Netzwerk konstruieren kann. Meist geht mit der bimodalen Analyse² auch die Annahme einher, dass alle Beteiligten miteinander in Kontakt gekommen sein müssen. Dies gilt aber allenfalls für kleinere Events. Werden die Events größer, entstehen diesbezüglich Interpretationsschwierigkeiten. Wir können dann nicht wirklich sagen, wer mit wem in Berührung gekommen ist. Es handelt sich also dann um eine Bedingung der Möglichkeit, anlässlich eines Events in Beziehung gekommen zu sein. Allerdings ist die Teilnahme am Event eine wichtige Voraussetzung dafür, dass Ähnlichkeiten im Verhalten bei bestimmten Typen von Events entstehen. Dies ist notwendig, damit eine wahrnehmbare Kultur entsteht. Mit dem Begriff Kultur sind an dieser Stelle vor allem Verhaltensrichtlinien (genaueres findet sich bei Swidler 1986) gemeint, die uns Sicherheit versprechen, wie man sich dort zu benehmen hat.

Die letzte der zwölf Grundannahmen nimmt das Argument der elften Annahme wieder auf und behauptet, dass über gemeinsame Mitgliedschaften in unterschiedlichen Organisationen diese miteinander in Kontakt stehen. Organisationen sind ein Beispiel dafür, dass Personen in einer bestimmten Art zusammengehörig sind. Durch den Kontakt von Personen zu unterschiedlichen Organisationen wird es möglich, dass bestimmte Vorgehensweisen und Routinen durch die Organisationsgrenzen hindurch diffundieren können. Auch das ist ein Argument, welches dabei hilft, Probleme in Organisationen zu lösen und gleichzeitig dafür sorgt, dass sich Verfahren in Organisationen und der Umgang der Menschen damit untereinander ähneln. Letztlich kann das Beschriebene ebenfalls als kulturelle Entwicklung über die verschiedenen Bereiche einer Gesellschaft hinaus angesehen werden. Im Kleinen entwickelte Mikrokulturen, die Gary A. Fine (1979) Idioculture nennt, können sich durch überlappende Mitgliedschaften in verschiedenen Organisationen einerseits ausbreiten und andererseits bleiben diese

---

[2] Bei der bimodalen Analyse werden in der Regel Personen als ein Modus angesehen und Events als der zweite Modus. Durch Projektion kann man nun analysieren, welche Personen gemeinsam ein Event besucht haben. Alternativ ist es auch möglich, einen Zusammenhang zwischen Events darzustellen. Hier würde man sagen, dass zwei Events durch gemeinsame Besucher miteinander verbunden sind.

Mikrokulturentwicklungen gleichzeitig an die Kultur in anderen Organisationen rückgebunden.

Zu meiner Frühzeit in der Netzwerkforschung habe ich eine sehr rudimentäre und nicht genau ausüberlegte Liste mit „Propositions" zur Netzwerkanalyse einmal auf der Webseite des Netzwerkforschers Miller McPherson gefunden. Es handelte sich um ein sehr kurzes Dokument von nur einer oder zwei Seiten Länge. Das ist wirklich schon Jahrzehnte her und leider habe ich McPhersons Überlegungen nicht wieder im Internet und auch nicht gespeichert auf meiner Festplatte wiedergefunden. Die Idee, die Grundannahmen in Kürze darzustellen, hat mich aber seither bewegt. Ich habe das dann einmal in einem Vortrag ausgeführt und immer gedacht, dass sich das für ein kurzes Buch eignen würde, welches das Kennenlernen der Denkweisen in diesem Feld der Wissenschaft ermöglicht. Ich freue mich, dass ich nun dazu komme, die aus meiner Sicht wichtigsten Grundannahmen in dieser Form der geneigten Leserschaft zu präsentieren.

Annahme 1: Netzwerkforschung fokussiert auf die Beziehung und nicht den Einzelnen

Gesellschaften sind geprägt durch Beziehungen und Interaktionen zwischen Menschen. Diese Beziehungen entstehen nicht zufällig, sie folgen Mustern. Beziehungen besitzen eine wichtige Bedeutung für uns Menschen. Daher beeinflussen sie auch die Art und Weise, wie sich Menschen verhalten. Entscheidungen, die getroffen werden, hängen mit den Beziehungen zusammen. Die gesamte Kultur, also das, woran sich Menschen orientieren, entsteht im Zusammenspiel mit anderen Menschen, also in Beziehungen.

Weil das so ist wie gerade im ersten Absatz dieses Abschnitts beschrieben, ist es notwendig, dass die Netzwerkforschungsperspektive für die Erfassung der Beziehungsmuster eigene Methoden entwickelt. Die traditionelle Sozialforschung ist nämlich auf diesem Auge, mit dem man Beziehungen erfasst, blind. Um zu begründen, warum es für die Netzwerkforschung notwendig ist, einen neuen Blick auf das soziale Geschehen in der Gesellschaft zu werfen, muss sie sich von den bekannten Vorgehensweisen abgrenzen. Sie musste eigene Methoden entwickeln. Die Methodenentwicklung machte die Forschungsrichtung zur SNA (Social Network Analysis) zur sozialwissenschaftlichen Netzwerkanalyse. Mit zunehmender theoretischer Begründung wurde aus der Netzwerkanalyse die Netzwerkforschung.

Einer der Gründe dafür, dass sich diese Sichtweise auf Beziehungen und deren Struktur durchsetzen konnte, ist, dass sie traditionellen Forschungsmethoden in einigen Hinsichten überlegen ist. Die Netzwerkforschung lehnt grundsätzlich keine der anderen Methoden ab, denn sie ist auf Kombinationen unterschiedlicher methodischer Vorgehensweisen angewiesen (Schweizer 1993[1]). Hinzu kommt, dass die Interpretationen, welche auch andere Methoden einbeziehen, am Ende überzeugender sind, denn sie kombinieren die Struktur mit zusätzlichem Material, beispielsweise an Eigenschaften der Knoten, die für Personen stehen. Solche Eigenschaften nennt man in der Netzwerkforschung „Attribute".

Typische traditionelle Forschungsmethoden kann man ganz grob in zwei Kategorien einteilen, in quantitative und in qualitative[2].

Quantitative Befragungen

In quantitativen Befragungen und deren Auswertung sucht man nach Kombinationen von Eigenschaften voneinander unabhängiger Individuen, die zur Erklärung von bestimmten Sachverhalten herangezogen werden. Beispielsweise hängen Präferenzen für Parteien, Einstellungen oder Konsumneigungen von Bildung, Geschlecht oder Wohnort ab. Was die Umfrageforschung macht, ähnelt der Vorgehensweise der Zellbiologie:

> „…the survey is a sociological meatgrinder, tearing the individual from his social context and guaranteeing that nobody in the study interacts with anyone else in it. It is a little like a biologist putting his experimental

---

[1] Der leider zu früh verstorbene Thomas Schweizer nannte dies „flesh and bone". Die Knochen entsprechen den Netzwerkstrukturen, während das Fleisch von den Informationen, die mit Hilfe anderer Methoden gewonnen werden, gebildet wird. Diese Informationen sind hilfreich, um die Struktur besser interpretieren zu können.

[2] Natürlich gibt es noch eine ganze Reihe weiterer Methoden, bei der Einteilung handelt es sich aber um Hauptstränge, die in der Diskussion von Methoden auch immer wieder eine Rolle spielen.

animals through a hamburger machine and looking at every hundredth cell through a microscope; anatomy and physiology get lost, structure and function disappear, and one is left with cell biology." (Barton 1968: 1)[3]

Soziale Einflüsse im quantitativen Interview sollen vermieden werden. Dabei lehrt die Methodologie der Befragungsforschung, dass von den Befragten vorgenommene Zuschreibungen in der Interviewsituation bedeutend für das Ergebnis der Befragung sein können. Das eindrucksvollste Beispiel hierfür findet sich in Steinert 1984: Dort wurden Frauen danach befragt, ob Abtreibungen in Zukunft straffrei sein sollten. Es stellte sich heraus, dass sich die Antworten diametral danach unterschieden, wer die Interviews durchgeführt hatte. Ältere Männer brachten bei den Interviews jüngerer Frauen eine deutliche Mehrheit gegen die Straffreiheit hervor, wenn Frauen die gleiche Gruppe interviewten war die große Mehrheit jedoch für Straffreiheit. Eine andere eindrucksvolle Studie, welche den Zusammenhang von Einstellung und Verhalten sehr stark infrage stellte, war die von LaPiere (1934): Er untersuchte die Diskriminierung aufgrund von Rassismus in den USA. Er selbst war öfters mit einem chinesischstämmigen Paar unterwegs. Dabei beobachtete er, dass diese eigentlich nie schlecht behandelt wurden, obwohl er vom Rassismus gegen Chinesen in den USA zu dieser Zeit wusste. Kurzum führte er eine Befragung in Restaurants und Betrieben durch, die Unterkünfte anboten. Praktisch niemand sagte, dass er bereit sei, Chinesen im Restaurant zu bedienen oder im Hotel aufzunehmen. Im Umgang mit dem Paar hingegen war das komplett anders: Sie wurden in etwa 99 von 100 Fällen gut aufgenommen – von Rassismus war dort keine Spur zu bemerken und das galt auch, wenn der Forscher LaPiere selbst nicht zugegen war.

Die Ergebnisse zeigen, dass die Befragungen, bei denen die Menschen völlig unabhängig voneinander ihre jeweils ureigene Meinung von

---

[3] Zuerst habe ich von diesem eindrucksvollen Zitat in einem Vortrag von Jörg Raab erfahren. Zudem soll nicht verschwiegen werden, dass es dennoch Übergänge zwischen der Netzwerkforschung und den quantitativen und qualitativen traditionellen Vorgehensweisen gibt. Das gilt insbesondere für die Erfassung von egozentrierten Netzwerken (z. B. Wolf 2010 für die quantitative Vorgehensweise; Straus 2010 für qualitative Forschung).

sich geben sollen, zu großen Teilen sinnlos sind. Selbst wenn die Befragten eine Meinung zu den abgefragten Themen besitzen, kommt es auf die Situation an, in der dieser Standpunkt geäußert wird. Etwas, was man der Umfrageforschung zugutehalten kann, ist, dass sie (zumindest in Teilen) kritisch mit ihren eigenen Methoden umgeht. Die Forschenden, die sich mit Umfrageforschung beschäftigen, wissen natürlich um solche Probleme, die von Interviewereffekten und sozialer Erwünschtheit[4] verursacht werden, und versuchen, diesen zu begegnen. So war man froh, dass Computer eingeführt wurden und man keine Menschen mehr dazwischen stellen musste, um auf die „wirkliche" Meinung zu kommen. Da Verzerrungen in den Antworten – soweit sich das untersuchen lässt – vor allem bei umstrittenen, sozial eher geächteten oder intim-privaten Verhaltensweisen vorkommen, überlegte man sich ein Experiment, mit dem sich die Vorteile der neuen Möglichkeit demonstrieren lassen sollten. Per Computer fragte man also nach einer heiklen Verhaltensweise: Es ging um die Menge des Whiskykonsums. Die Untersuchung wurde ausgerechnet in Schottland durchgeführt. Das Ergebnis fiel wie erwartet aus. Die Schotten gaben, per Computer befragt, an, dass sie annähernd doppelt so viel der Spirituose konsumierten, als wenn ein Interviewer die betreffenden Personen danach gefragt hätte (Sproull und Kiesler 1991: 46). Ein solches Ergebnis freut natürlich die Umfrageforscher, weil augenscheinlich durch eine Änderung der Methode bessere Ergebnisse erzielbar sind. Diesem Argument entgegne ich aber, dass die neue Methode sicherlich hilfreich bei der Erfassung des tatsächlichen Konsums des schottischen Nationalgetränks ist. Möchte man hingegen die ureigene Meinung von Personen erfassen, so stellt sich auch die computergestützte Befragung als ein ziemlich sinnloses Unterfangen heraus. Es kommt nämlich eigentlich gar nicht darauf an, was die Leute für sich allein denken, die Meinung wird gesellschaftlich nämlich erst dann relevant, wenn diese auch geäußert wird. Erst mit der

---

[4] Beide Ursachen für Fehler in Interviews muss man trennen. Soziale Erwünschtheit wäre demnach ein Antwortverhalten, welches sich an allgemeinen Normen oder Werten orientiert; Interviewereffekte hingegen ergeben sich aus der Konstellation, in der ein Interview durchgeführt wird: so etwa ältere Herren vs. jüngere Frauen wie im genannten Beispiel von Steinert.

Äußerung im Kreise anderer Personen (also in einem Netzwerk) wird die Meinung bedeutend; erst dann wirkt sich diese auf das eigene Verhalten und das anderer aus. Sowohl für die Äußerung als auch für das folgende Verhalten gelten aber offenbar andere Regeln. Es geht um soziale Situationen, in denen sich die Menschen aneinander orientieren und ihre geheimen Ideen nur je nach Situation einzubringen bereit sind. M.a.W.: Es geht um Beziehungen, die in diesem Moment die Situation rahmen. Diese Situation moderiert also die Meinungsäußerung. Das geschieht in der Art, dass sich die Äußerungen unterscheiden, je nachdem welche anderen Personen anwesend sind. Es kommt also mehr auf die soziale Situation mit anderen als auf eine ureigene, im stillen Kämmerlein abgefragte Meinung an.

In den von LaPiere geschilderten Situationen entwickeln sich Beziehungen sehr schnell und Ähnliches gilt auch für die Situation im Interview. Wir haben es aber mit völlig unterschiedlichen Kontexten zu tun: Etwas tun zu wollen in einem Gespräch (Interview) mit einem vermeintlich Gleichgesinnten zu behaupten und wie man sich dann tatsächlich im Angesicht von anderen verhält, sind zwei ganz unterschiedliche paar Schuhe. Eine Sichtweise, die sich um die Beziehungen schert, erscheint also derjenigen überlegen, die nur auf individuelle Meinungen schaut. Zumal die Umfrageforschung Unterschiede in den Meinungen auch noch durch individuelle Eigenschaften zu erklären sucht. Jetzt könnte der Einwand kommen, dass jede Soziologie eine Soziologie der Beziehungen sei – Soziologie ohne Beziehungen mache gar keinen Sinn. Natürlich hat Max Weber eine Soziologie des sozialen Handelns begründet, wobei die „Spitze" des interpersonellen Verstehens das zweckrationale Handeln bildet. Dieses Handeln sei am besten interpersonell kommunizierbar. Das ist aber deswegen der Fall, weil es gleichzeitig auch am wenigsten Rücksicht auf Beziehungen nimmt. Traditionelles und wertrationales Handeln hingegen sind deutlich voraussetzungsreicher, ließe sich aber sicherlich innerhalb einer kulturellen Gemeinschaft ebenfalls gut kommunizieren. Letztlich ist die Art der Begründung der Handlung auch hier von der Beziehung abhängig, wie man sieht. Allerdings geht es bei Weber ja weniger um die Handlung selbst als um deren Begründ- und Kommunizierbarkeit.

Qualitative Interviews

Qualitative Interviews erfassen in der Regel die Personen mit deren einzigartiger Subjektivität. Auch hier liegt das Interesse meist auf einzelnen Personen. Mithilfe qualitativer Interviews wird man zwar keine „Repräsentativität" erreichen, dafür aber erfährt man mehr über die Hintergründe dessen, was Menschen bewegt. Wenn wir selbst (meist mit Leitfäden gestützt) qualitative Interviews durchgeführt haben, ging es uns meist eher um die Geschichten, welche uns erzählt werden. Diese Geschichten sind – so dachten wir – Hinweise auf die Weltsicht und die Ordnungsvorstellung der Menschen, die wir auf diese Weise interviewten. In solchen Storys kommen also eher soziale Zusammenhänge zum Vorschein, die Subjektivität spielte dabei eher eine Rolle um die Hintergründe der Geschichten zu interpretieren. Was ich sagen will: Die traditionelle qualitative Sozialforschung, welche den gesamten Menschen in seiner Gewordenheit in den Mittelpunkt stellt, hilft uns auch nicht so sehr bei der Aufklärung von Verhalten, welches durch Beziehungen induziert ist, die sich in einem Bild von Beziehungsstrukturen zeigen.

Das Muster von Beziehungen im Fokus

In Abgrenzung zu diesen beiden Vorgehensweisen geht es in der Netzwerkforschung in der Regel nicht um einzelne Personen, sondern genau um den durch die traditionellen Interviews zerstörten Zusammenhang, um die Beziehungen zwischen verschiedenen Personen. Allerdings reicht der Zusammenhang zwischen Personen, sagen wir in einer Paarbeziehung noch nicht aus; wir interessieren uns für Beziehungsstrukturen (Radcliffe-Brown 1940)[5].

---

[5] Allerdings wurden Netzwerkaspekte in Surveys eingebaut als egozentrierte Netzwerke. Hierzu wird ein sogenannter Netzwerk- oder Namensgenerator benutzt. Hierdurch lassen sich bestimmte Aspekte persönlicher Netzwerke erfassen. Auch für die qualitative Forschung finden sich Techniken, mit denen persönliche Netzwerke registriert werden, beispielsweise durch die Vorlage von konzentrischen Kreisen, die Distanzen in persönlichen Interviews darstellen sollen (Kahn und Antonucci 1980: 272).

Um soziale Sachverhalte in der Netzwerkforschung zu erklären, greift man also auf die Struktur der Beziehungen zurück. Auf diese Weise wird viel besser als mit Befragungen oder Interviews die Einbettung von Menschen berücksichtigt. Diese Einbettung lässt einerseits den Menschen erst zum Menschen werden, andererseits klärt sie über die Gebilde auf, in denen die Menschen miteinander verkehren. Sie thematisiert die Folgen der Strukturen, in denen Menschen leben.

Die Struktur wird mittels Matrizen oder äquivalenter Vorgehensweisen dargestellt und analysiert. Die Menschen bezeichnet man als Knoten, die Beziehungen zwischen ihnen als Kanten. Allerdings beschränkt sich die Netzwerkforschung nicht nur auf die Analyse von Beziehungen zwischen Menschen, es können beispielsweise auch Gruppen, Organisationen oder Länder sein, deren Beziehungen man auf diese Weise abbildet und deren Muster untersucht wird.

Annahme 2: Identitäten – was wir sind, werden wir durch Beziehungen

Unsere Identität und damit auch unsere Individualität entstehen erst durch Einfluss und Auseinandersetzung mit anderen Menschen. Allerdings beeinflussen wir auch andere. Aus einer Perspektive der Netzwerkforschung könnten wir das Behauptete auch etwas abwandeln und sagen, der Einzelne entsteht durch die Kreuzung sozialer Kreise (nach Simmel 1908). Überhaupt die Tatsache, dass wir uns als Individuen sehen, ist ein Produkt der Moderne, die sich dadurch auszeichnet, dass sich die Beziehungsstrukturen veränderten[1]. In der Vormodernen kannte man noch keine Individuen so wie heute. Man lebte an dem Ort, an dem man geboren wurde (so jedenfalls die dahinterstehende idealisierte Sichtweise)[2]. Bei dieser Anschauung fehlt allerdings so einiges. Nicht berücksichtigt werden die systematisch auch damals schon

---

[1] Die Herausbildung der Soziologie selbst ist ebenfalls etwas, was mit der Moderne zusammenhängt. Die Industrialisierung führte zu so weitreichenden gesellschaftlichen Einschnitten, dass eine wissenschaftliche Reflexion notwendig wurde.

[2] Tönnies (1991, zuerst 1887) unterschied zwischen Gemeinschaft und Gesellschaft. Die Menschen in Gemeinschaften hatten noch keinen individuellen Willen, ihnen ordnete er den Wesenswillen zu; dagegen brachte die Moderne die Gesellschaft hervor, in der man viel freier war. Der Gesellschaft entspricht der Kürwille, der Individuen voraussetzt.

vorhandenen Ausnahmen, etwa der Fernhandel, der schon im Mittelalter für sehr weitreichende Beziehungen sorgte. Hierzu gehört auch die Erbteilung, die erzwang, dass ein Teil der Bevölkerung die Heimat verließ. Vielleicht noch größer war der durch Kriege angestoßene Mechanismus, mit dem auch damals die Bevölkerung durcheinandergewirbelt wurde. Vielleicht muss man den Gegensatz gar nicht so scharf stellen, es reicht, wenn wir konstatieren, dass sich die Zahl der Kreise, in denen wir uns bewegen, seit damals im Durchschnitt deutlich erhöht hat.

Individualisierung und Moderne

Die Ethnologie (siehe z. B. Schnegg 2010), welche sich früher mit Gesellschaften beschäftigte, die noch nicht im selben Grad wie unsere modernisiert waren, erfand dafür den Begriff der Multiplexität: Viele verschiedene Arten von Beziehungen werden mit denselben Menschen geteilt. Vielleicht ist es einfacher, wenn man das so erklärt, dass die Freizeit und die Arbeitszeit mit denselben Menschen geteilt werden. In der Moderne dagegen sprechen wir von Uniplexität. Wir verkehren in unterschiedlichen sozialen Kreisen und spalten damit die Beziehungen in verschiedene Funktionalitäten auf. Die Individualität entsteht also durch die Vielfalt der sozialen Kreise mit denen wir in Kontakt stehen. Das ist ein Nebenprodukt von Elternhaus, Schule, Vereinen und Vereinigungen, Cliquen und Arbeitsgruppen, Mitgliedschaften in Organisationen und Ähnlichem. Die Individualisierung in ihrer Entwicklung selbst lässt sich dabei kaum von uns beeinflussen. Sie ist das Produkt von gesellschaftlichen Prozessen und wird beispielsweise im Rahmen einer Systemtheorie als funktionale Differenzierung beschrieben.

Die Einbettung des Menschen fächert sich auf diese Weise in verschiedene soziale Kreise auf (die man als Netzwerk auffassen und als persönliches Netzwerk auch empirisch relativ einfach erfassen kann). Dadurch, so die ursprüngliche Idee von Georg Simmel, gibt es keine zwei Menschen, die in genau denselben Kreisen verkehren. Nun ist dieses Simmel'sche Bild von der Überschneidung der sozialen Kreise ein wirklich sehr einfaches Modell, welches kaum den gesamten Prozess beschreiben kann. Nur eine Anmerkung dazu: Es fehlt beispielsweise eine

Annahme darüber, wie sich die unterschiedlichen Positionen auswirken, welche die verschiedenen Beteiligten in den Kreisen einnehmen. Stereotype Positionen, die gleichzeitig Aushandlungen[3] unterliegen[4] erklären das Verhalten innerhalb der Kreise. Ein Beispiel: Auch wenn der Begriff des Pantoffelhelden nicht mehr ganz zeitgemäß zu sein scheint, handelt es sich dabei um eine Person, die sich zu Hause unterzuordnen hat, während sie in einem anderen Kreis möglicherweise eher viel zu sagen hat. Es werden also im genannten Beispiel ganz unterschiedliche Positionen in den Kreisen eingenommen, in denen man verkehrt.

Beides zusammen kann man strikt soziologisch als Individualisierung und Identitätsbildung interpretieren. Je mehr sich die Beziehungen, in denen wir Menschen eingebunden sind, auffächern, umso weniger abhängig sind wir von nur einem einzelnen Kreis. Durch den Kontakt zu verschiedenen sozialen Kreisen kommen wir mit mehr unterschiedlichen Ideen in Berührung. Wir stehen dadurch auf vielfältige Weise mit ganz unterschiedlichen Leuten in Kontakt. Eine andere Folge der Auffächerung der Beziehungen besteht darin, dass die Menschen immer weniger von einem spezifischen Kontext abhängig sind. Falls starke Konflikte in einem der Kreise entstehen sollten, so sind diese für die Menschen weit weniger existenzbedrohend als in der Vormoderne. Auf diese Weise sind wir heute viel freier, als das zu früheren Zeiten der Fall war, als die verschiedenen Kreise sich noch nicht so weit aufgefächert hatten.

Identität und kulturelle Werkzeuge

Neben dieser Sichtweise, welche zuerst die Individualisierung in den Fokus nimmt, ist auch noch eine zweite Blickrichtung möglich. Diese wird in einer noch etwas anderen Form auch in den Annahmen elf und

---

[3] Der Begriff der Aushandlung taucht immer wieder in diesem Büchlein auf. Aushandlung meint nicht unbedingt Verhandlung, sondern damit ist auch das Anerkennen von Verhalten bei den anderen gemeint. Das Verhalten wird durch diese Art der Aushandlung in dem jeweiligen Kreis in den Bereich des Möglichen erhoben und es ist nicht unwahrscheinlich, dass es in Zukunft auch von anderen übernommen wird.

[4] Man spricht hier von Nadels Paradox: Positionen sind wiedererkennbar, obwohl es in der gleichen Position vielfältige Verhaltensspielräume gibt (DiMaggio 1992, bezüglich Nadel 1957).

zwölf behandelt: Technisch in der Terminologie der Netzwerkanalyse sprechen wir hierbei von bimodalen Netzwerken. Bei der folgenden Überlegung geht es auch um eine gesellschaftliche Funktion, die an dieser Stelle kurz aufgezeigt werden soll. Die Kreise stehen nämlich durch überschneidende Mitgliedschaften von Personen miteinander in Kontakt. Die besondere Funktion hierbei ist, dass auf diese Weise die Kultur innerhalb einer Gesellschaft nicht zu weit auseinanderläuft. Kultur betrachte ich in der Folge von Ann Swidler (1986) als etwas, was den Alltag durchzieht und sich vor allem in den bereits genannten Situationen manifestiert. In die Situationen bringen die Beteiligten ihr Wissen ein, welches für Situationen des jeweiligen Typs gilt (sofern sich der Typ der Situation identifizieren lässt). Große Unsicherheit besteht immer dann, wenn wir mit einem neuen Typ von Situation konfrontiert werden und daher die bewährten Routinen nicht eingesetzt werden können. Solche Typen von Situationen begegnen uns ständig, das Verhalten im Seminarraum ist etwas unterschiedlich zu dem im Hörsaal; ganz anders benehmen wir uns auf einem Musikfestival. Wir müssen allerdings die Festivals auch nach den Arten der Musik, die dort gespielt werden, unterscheiden. Wenn man in der Oper ist, stellt sich der Headbanger bestenfalls als leichtes rhythmisches Kopfnicken dar, wobei die Musik überhaupt eher selten über einen mitreißenden Swing verfügt. Was wir über Kultur wissen und wie wir diese Kenntnisse einsetzen, ist also auch abhängig davon, mit welchen Situationen wir in Kontakt gekommen sind. Auf jeden Fall ist das Benehmen der Menschen am Ende auch Teil ihrer sozialen Identität. Die Identität ist die Grundlage für die Variationen im Verhalten, welche uns Menschen dann doch einzigartig macht.

Betrachten wir jetzt noch einmal die sozialen Kreise, innerhalb derer wir uns immer wieder in bekannten (manchmal auch neuen) Situationen befinden. Insbesondere in zunächst unbekannten Situationen ergeben sich dann jeweils neue Kombinationen von kulturellen Werkzeugen (cultural toolkit[5]), die aus Normen, Werten, bereits erlebten Handlungsmustern und dem Verständnis von Symbolen bestehen. Die Anwendung von kulturellen Werkzeugen unterliegt jedoch einer

---

[5] Ein Begriff von Ann Swidler (1986), auf den später noch näher eingegangen wird.

doppelten Beschränkung: Diese müssen sowohl mit der Identität, als auch mit der Situation kompatibel sein. Da es eine so große Vielfalt von Situationen gibt, ist es nicht immer einfach, diesen beiden Anforderungen gerecht zu werden.

Identität aus Unsicherheit

In Bezug auf die Herausbildung von Identitäten ist natürlich auch das Buch von Harrison White (1992, 2008) erwähnenswert. Die Entstehung von Identitäten ist bei ihm ein Resultat aus Kontrollbemühungen. In Bezug auf White könnte man auch sagen, Identitäten entstehen aus dem Bestreben, Unsicherheiten zu reduzieren. Das geschieht etwa dadurch, dass man sich im Verhalten an dem orientiert, was man bereits vorher in einer Situation ähnlichen Typs erlebt hat. Das entspricht an diesem Punkt etwa auch meinem Denken.

Identitäten entstehen also aus dem Zusammenspiel von Netzwerken in denen sich die Menschen zurechtfinden müssen. Allerdings zeigt sich bei dieser Betrachtung auch, dass unsere Identität durch unterschiedliche Facetten geprägt ist. Diese Facetten passen möglicherweise nicht immer zusammen. Die unterschiedlichen Kreise können auch dabei helfen, mit den verschiedenen Teilaspekten umzugehen, denn häufig ist es möglich, die Kreise voneinander zu separieren und so können wir Konflikte umgehen. Mancherlei Positionen sind nur schwer miteinander in Einklang zu bringen; es könnte auch sein, dass eine Vermischung der Kreise auf diese Weise unterschiedliche Milieus zusammenbrächte, die kaum miteinander kompatibel wären. Also halten viele von uns die verschiedenen Kreise auseinander und können dann ohne Bedrohung unsere Position in den Kreisen agieren. Genau das aber, das Zusammenführen oder Auseinanderhalten von Kreisen, lässt sich bei einer Untersuchung der Struktur von Beziehungen aufzeigen.

Annahme 3: Zwei, drei, unter 10, viele: Grundregeln der Strukturbildung

Die Netzwerkforschung beschäftigt sich mit Strukturen. Man kann sich vorstellen, dass zur Ermittlung und Interpretation von Struktur eine gewisse „Masse" notwendig ist. Handelt es sich nur um zwei Personen (Knoten), dann kann nur eine Beziehung (Kante) entstehen oder zwei, wenn es sich um eine asymmetrische Beziehung handelt. In diesem Fall wäre die Beziehung von Person A nach Person B anders als umgekehrt. Wir beginnen also mit dreien, den sog. Triaden. Hier können bereits relativ komplexe Konstellationen vorhanden sein. Diese lassen sich inhaltlich oder formal interpretieren. Kommen noch mehr Personen hinzu, ändern sich auch die Strukturen. Zudem werden diese noch komplexer.

Triaden

Für eine Beziehung sind mindestens zwei Personen notwendig[1]. Eine Struktur, die nur zwei einschließt, ist aber noch nicht besonders interessant. Ein Grund dafür ist, dass ein solches Gebilde fragil ist und es sind noch keine Variationen der Struktur möglich. Das ist bei dreien schon ganz anders. Welche Variationen das sein könnten, hierzu finden sich in Simmels „Soziologie" im Kapitel zur „Quantitativen Bestimmtheit der Gruppe" eine ganze Reihe von Hinweisen. Konstellationen wie der Lachende Dritte, Teile und Herrsche, der Vermittler etc. (Simmel 1908) sind typisch für Triaden, also dann, wenn drei Personen beteiligt sind. Hierzu gehört auch das bereits von Simmel beschriebene Geheimnis als soziale Tatsache. Ein Geheimnis müssen mindestens zwei Personen teilen und es muss vor wenigstens einer dritten Person verborgen werden. Simmels Idee war nun, dass es sich dabei um Konstellationen handelt, die sich nicht auf zwei Personen zurückführen lassen – es handelt sich um ein emergentes Phänomen. Die Struktur wirkt erst dann, wenn zu den zweien eine weitere Person hinzukommt.

Eine weitere Grundregel ist die Transitivität. Diese ist wichtig, vor allem für Überlegungen zur Dynamik in Netzwerken, denn diese kann die Entstehung von Beziehungen prognostizieren. So wird angenommen, dass, wenn zwischen Person A und Person B und zwischen Person A und Person C jeweils eine Beziehung besteht, mit einer hohen Wahrscheinlichkeit auch eine Beziehung zwischen B und C entsteht (Ausnahmen sind unterschiedliche Kontexte, die manchmal bewusst auseinandergehalten werden – siehe hierzu die vorhergehende Annahme). Wenn die Prognose über die Etablierung einer Beziehung aufgeht, dann

---

[1] Ich glaube, es wurde schon gesagt, dass man in der Netzwerkforschung als Entitäten es nicht immer mit Menschen zu tun hat. Öfters werden auch Tiergesellschaften (z. B. Chase et al. 2022; Lusseau 2003) untersucht oder aggregierte Akteure in die Analyse aufgenommen, wie Organisationen und Staaten oder Blöcke, die aus strukturell ähnlichen Knoten bestehen, in der Blockmodellanalyse.

entsteht eine Simmel'sche Triade („Simmelian Tie", Krackhardt 1998), welche nach Krackhardt „super strong and sticky"[2] sein soll.

Die Idee der Simmel'schen Triade von Krackhardt geht auf die Transitivitätsannahme zurück. Zudem werden oft auch Eigenschaften von Beziehungen während dieses Prozesses übertragen (so etwa das Duzen zwischen Leuten, die sich ansonsten gesiezt hätten). Dieser sogenannte Prozess der triadischen Schließung wird in zahlreichen Variationen des Clusteringkoeffizienten abgebildet. Der Wert dieser Maßzahl steigt an, wenn es zur triadischen Schließung kommt. Die Transitivitätsannahme ist eine der wichtigsten Grundannahmen für die Beziehungsentwicklung in Netzwerken. Die Idee der Transitivität ist eine ganz wichtige, weil in ihr auch eine Überlegung zur Dynamik in Netzwerken steckt. Diese Dynamik kommt mit der transitiven Schließung an einen Endpunkt, so der grundsätzliche Gedanke der Netzwerktheorie an diesem Punkt. Das finde ich schon richtig, aber wenn Krackhardt (1998) solche geschlossenen Triaden, in denen alle positiv miteinander verbunden sind, als superstark bezeichnet, so bin ich etwas skeptisch. Die tatsächlich von Simmel beschriebenen Dreierkonstellationen tragen ja alle einen Stachel in sich, der an der Einheit der Dreierkonstellation stichelt. Bei Simmel selbst (oben habe ich die Konstellationen bereits genannt) geht es eigentlich immer um Konflikte, ob nun ein Lachender Dritter sich über den Streit der beiden anderen freut oder als derjenige, der teilt und herrscht, Zwietracht geradezu sät oder ein Geheimnis vor einem Dritten verborgen wird, immer geht es um eine Spaltung der Triade und nicht darum, dass diese eine superstarke Verbindung darstellt. Einzig könnte man den Dritten als Vermittler als jemanden betrachten, der versucht, Streit beizulegen. Damit wäre der Schlichter in der Lage, die Einheit der Triade wiederherzustellen – und vielleicht auch die Simmel'sche Triade zu retten.

Mit Dreierkonstellationen lassen sich noch weitere Überlegungen anstellen: So geht die Theorie struktureller Balancierung davon aus, dass die Beziehungen zwischen zwei Personen zu anderen Personen (statt

---

[2] So lautet der Titel seines Aufsatzes: „Simmelian Ties: Super Strong and Sticky" (Krackhardt 1998).

der anderen Person kann es sich auch um ein Objekt handeln) durch positive oder negative Beziehungen moderiert werden (Heider 1946, 1958). Wenn der eine Anhänger einer linken Partei ist, kann er kaum mit jemandem befreundet sein, der politisch das Gegenteil will, etwa indem er Mitglied einer rechtsradikalen politischen Vereinigung ist. Aus den ursprünglich bei Heider genannten Objekten machte man später erst Beziehungen einer Dyade zu einer dritten Person (Cartwright und Harary 1956). Im Gefolge der Triadenforschungen wurden auch Überlegungen zur strukturellen Balancierung entwickelt. Hierzu gehören die folgenden Regeln der Wertigkeiten von Beziehungen: So ist der Freund deines Freundes ebenfalls dein Freund, der Feind deines Freundes wird gleichzeitig als Feind angesehen; der Freund deines Feindes wird ebenfalls als Feind eingestuft und der Feind deines Feindes wird als Freund betrachtet (vergl. für eine Anwendung dieser Regeln Stegbauer 2018: 109–116). Es handelt sich bei diesen Überlegungen eigentlich um eine Theorie kognitiver Dissonanz. Sie ist aber, sofern es Konflikte innerhalb eines relativ abgeschlossenen Systems gibt, dazu geeignet, zu erklären, warum sich auch eine größere Anzahl an Personen in zwei Gruppen bzw. Komponenten zerlegt.

Eine Sache wird bei den Betrachtungen der Dreierkonstellationen allerdings oft vernachlässigt: Auch wenn sozusagen bei drei die Struktur erst interessant wird, wie man sagen könnte, so kommen die drei Personen doch fast nie isoliert vor. Die Konstellationen sind also durch andere Personen beeinflusst (siehe auch Annahme sieben zur Ökologie von Beziehungen). Das sollte nie vergessen werden, auch wenn sich die Ideen rund um die drei bereits sehr gut für die Bildung von Hypothesen und daraus abgeleitete Analysen eignen mögen.

Wenn man die Zahl der Beteiligten erhöht, so wiederholt sich das, was man an den Dreierkonstellationen lernen konnte, nur noch immer wieder, so Simmel, der hier das Prinzip der Selbstähnlichkeit einführt. Allerdings findet man in Viererkonstellationen auch häufig zwei Dyaden, die miteinander interagieren – Dyaden liegen ja vor den dreien in der Zählung (näheres hierzu in Stegbauer 2016). Auch wenn ich das Beispiel der Viererkonstellation als Kritik an Simmel auffasse, können natürlich auch dort die grundlegenden Muster der Triaden auftreten.

Die kleine Gruppe

Die nächste Zahl ist nicht so ganz genau bestimmt, aber schon seit langem in der Soziologie sehr präsent: die kleine Gruppe. Sind kleine Gruppen oder Cliquen in größere Netzwerke integriert, sprechen wir von kohäsiven Subgruppen. Es finden sich zahlreiche Definitionen für das Gruppenphänomen. Man könnte aber sagen, die Gruppe in ihrer landläufigen Definition als Kleingruppe beginnt oberhalb der drei und endet unter zehn oder ganz knapp darüber. Die Größe bestimmt sich hier wie in den nachfolgenden Größenordnungen nach den menschlichen Kapazitäten. Hier sind es vor allem kognitive, räumliche und zeitliche Kapazitäten, die beschränkend wirken: Jeder muss mit jedem in Kontakt kommen können (so eine Forderung beispielsweise von Homans in seinem Buch zur Gruppensoziologie 1951, deutsch 1960[3]). Eine solch kleine Gruppe kommt mit relativ wenig interner Struktur aus. Klassischerweise wurde behauptet, dass sich Anführer herausbilden (z. B. auch Homans 1951). Wenn die Gruppe größer wird, als es die Kleingruppengrenze zulässt, zerfallen die Gruppen in Untergruppen. Ein Beispiel dafür sind Essenseinladungen von Freunden. An einem Tisch mit sechs Personen kann man noch problemlos ein gemeinsames Gespräch führen. Erhöht sich die Zahl der Eingeladenen, so werden die Phasen, in denen alle miteinander sprechen, immer kleiner. Schließlich finden sich nur noch die Nachbarn und diejenigen, die sich direkt gegenübersitzen, als Gesprächspartner zusammen. Damit man sich versteht, wird die Grundlautstärke immer größer, was die Kommunikationsmöglichkeiten weiter einschränkt.

Die große Gruppe

Werden Gruppierungen noch größer, so lassen sich ebenfalls typische Strukturen erkennen. Ein für mich schlagendes Beispiel ist die Untersuchung zu Großgruppen von Rauch (1983). In dieser Untersuchung

---

[3] In die gleiche Richtung gehen auch Forschungen in Organisationen, die Kapazitätsgrenzen in solchen Größenordnungen unter dem Stichwort „Span of Control", als ein Beispiel Urwick (1956), abhandeln.

wird der Ablauf von größeren Gruppensitzungen (größer als Kleingruppen, wie beispielsweise Lehrerkonferenzen) beschrieben. Letztendlich verhandeln in solchen Sitzungen mit mehr Personen als in Kleingruppen aber ebenfalls wenige Personen miteinander. Die Menge derjenigen, die hauptsächlich zu Wort kommen, ist auf die Größe von Kleingruppen beschränkt. Miteinander sprechen können ja auch immer nur wenige. Eine Erklärung dafür sind ebenfalls Kapazitätsprobleme: Hierdurch zerfallen die großen Gruppen in Untergruppen. Ein Resultat davon ist, dass es dann weniger Druck als in kleinen Gruppen hin zu einer Einheitlichkeit von Meinungen gibt, der alle Teilnehmenden umfasst. Die Hauptsprecher stehen, so die Untersuchung von Rauch, Fraktionen vor, die ihre Sprecher durch Unterstützungskundgebungen im Diskurs halten. Die Struktur ließe sich leicht mit der Netzwerkforschung beschreiben. Insbesondere die positionale Analyse wäre für die Beschreibung geeignet, denn die Galerie (oder das Publikum, diejenigen, die sich nicht beteiligen), die involvierte Mittelschicht und die Sprecher lassen sich klar aufgrund der Struktur ihrer Kommunikation voneinander trennen. Entsprechende Daten von Beobachtungen würden sich auch mithilfe von Netzwerkanalysemethoden untersuchen lassen. Gut geeignet wäre hierfür sicherlich die Blockmodellanalyse (siehe auch Annahme acht zur kognitiven Sozialstruktur).

Mit wie viel Personen können wir überhaupt in Kontakt stehen?

Zu den Zahlen, die in der Netzwerkforschung eine Rolle spielen, gehört auch, dass wir Menschen nicht mit beliebig vielen anderen in Kontakt treten können bzw. eine Beziehung aufrechterhalten können. Eine aufgrund ihrer Entstehung umstrittene Grenze wäre die von 150, die sogenannte Dunbar-Zahl (Dunbar 1993)[4]. Selbst wer zu allen anderen

---

[4] Ich möchte Ihnen meine Probleme mit dieser Zahl nicht vorenthalten: Sie wurde durch Extrapolation der Hirngröße von Affen auf die von Menschen gewonnen. Ein solches Vorgehen halte ich für problematisch, weil es eine Vereinfachung darstellt und anderweitige Einflüsse, etwa die Kultur nicht beachtet (so etwa Breithaupt 2009 für das Beispiel der Spiegelneuronen, siehe auch Stegbauer 2023).

freundlich ist und befreundet sein will, kann das nicht, dafür reicht die Zeit nicht aus. Es ist aber nicht nur das, was auch nicht reicht, ist die kognitive Kapazität[5] von uns Menschen. Von unseren Freunden und Bekannten wollen wir häufig auch wissen, mit wem diese in Beziehung stehen. Obwohl wir als soziale Wesen hierfür schon ein gewisses Talent besitzen, endet die Kapazität unseres Gedächtnisses angesichts der großen Zahlen, die sich mit wachsender Zahl an Beziehungen ergeben, dann sehr schnell (siehe hierzu auch Annahme acht über die kognitive soziale Struktur). Wollte man sich die Beziehungen aller von Dunbar angenommenen 150 merken, so käme man schon auf über 11.000 Merkmale von Relationen (150 * 149/2) zwischen den Freunden und Bekannten, die man sich merken müsste.

In der Netzwerkforschung gibt es die Regel, dass das Maß der Dichte eines Netzwerkes abnimmt, je größer das Netzwerk wird. Die Dichte misst den Anteil der realisierten Beziehungen an den möglichen Beziehungen in einem Netzwerk. Das ist logisch, denn die Zahl der möglichen Beziehungen wächst nicht linear, sondern quadratisch mit der Zunahme von Personen im Netzwerk.

Wird die Menge an Personen noch größer, dann befinden wir uns im Bereich von Massen. Auch hier muss es Substrukturen geben, denn es können ja nicht alle mit allen in Kontakt treten. Eine Lösung, welche die Netzwerkforschung (Stegbauer 2023) hierfür anbietet, liegt nicht in der Konstruktion von Beziehungen im traditionellen Sinne. Es reichen Beobachtungen oder die Kenntnis von Verhaltensweisen anderer Menschen aus, um sich daran zu orientieren. Wir würden dann von superschwachen Beziehungen sprechen (siehe die folgende Annahme vier zur Stärke von Beziehungen).

Wenn also die Menge der Knoten in einem Netzwerk steigt, müssen Substrukturen entstehen. Solche Muster können beispielsweise in einem Gesamtnetzwerk dann als spezifische Muster, wie kohäsive Subgruppen oder Zentrum-Peripherie-Strukturen beschrieben werden. Eine völlige

---

[5] Ein bekanntes Beispiel betrifft die Grenze des Kurzzeitgedächtnisses. Hier spricht man von der magischen Miller'schen Zahl, die besagt, dass man im Durchschnitt nur sieben Dinge auf einmal behalten kann; 7 minus oder plus 2 lautet die Formel (Miller 1956).

Gleichheitsstruktur in dem Sinne, dass jeder mit jedem auf die gleiche Weise verbunden ist (wie im Beispiel der Simmel'schen Triade), kann es in größeren Netzwerken nicht geben. Kognitive und raumzeitliche Beschränkungen stehen dem entgegen. Überall, wo Menschen zusammentreffen, muss also eine Beziehungsstruktur entstehen, ein strukturloser Zustand ist nicht denkbar. Da aber alle Menschen (mit keinen Variationen) denselben Restriktionen ausgesetzt sind, findet man häufig eine gewisse Selbstähnlichkeit in den entstandenen Beziehungsstrukturen. Auch aus diesen Gründen ist es fast überall lohnenswert, die Strukturen genauer zu untersuchen. Dies sollte in den meisten Fällen mit den Mitteln der Netzwerkforschung möglich sein.

Annahme 4: Stärke von Beziehungen und was das für uns bedeutet

In der Netzwerkforschung unterscheidet man grob gesagt drei verschiedene Stärkegrade von Beziehungen. Alle drei Beziehungsstärken variieren hinsichtlich ihrer Charakteristika und ihrer Aufgaben. Wichtig sind auch Kombinationen zwischen den unterschiedlichen Stärkegraden, die innerhalb von Beziehungsstrukturen auftreten. Natürlich gibt es zwischen diesen auch Übergänge, das meint, dass man nicht genau unterscheiden kann, ob es sich gerade noch um eine schwache oder schon um eine starke Beziehung handelt. Manchmal betrachtet man die drei verschiedenen Stärkegrade aber auch als kategorial. Letzteres bedeutet, dass man die Beziehungsarten deutlich voneinander unterscheidet bzw. unterscheiden kann. Falls es richtig ist, dass sich die in Stärkegraden zu unterscheidenden Beziehungsstärken als verschiedene Kategorien betrachten lassen, dann kann man daraus ableiten, dass, wenn sich die Beziehungsstärke ändert, sich in der Folge auch der Charakter der Beziehungen wandelt. So würde etwa aus Bekanntschaft Freundschaft, wenn die Beziehung von einer schwachen in eine starke überführt würde. Bei der Verwandlung einer superschwachen Beziehung zu einer schwachen würde aus der Übernahme von Verhalten aufgrund der Beobachtung einer unbekannten Person eine schwache Beziehung, wenn beide ins

Gespräch kommen würden und sich bei einem wiederholten Treffen aneinander erinnern würden und vielleicht den Gesprächsfaden dann wieder aufnehmen könnten. Zur Integration des Phänomens der superschwachen Beziehung in die Netzwerkforschung habe ich kürzlich ein Buch verfasst (Stegbauer 2023). Wie in diesem Absatz schon ersichtlich, unterscheiden wir in der Netzwerkforschung starke und schwache Beziehungen und seit neuestem auch superschwache Beziehungen.

Starke Beziehungen

Starke Beziehungen (strong ties), so viel ist uns klar, sind für uns alle von einer sehr großen Wichtigkeit: Partner, Freundschaften und engere Verwandte, Eltern, Kinder, Großeltern sind durch starke Beziehungen miteinander verknüpft. Manchmal fasst man auch direkte Arbeitskollegen unter die Kategorie der starken Beziehungen. Wofür benötigen wir solche Beziehungen? Den meisten ist das klar, wenn sie an Personen denken, die in der Aufzählung zu finden sind. Hier sind zunächst einmal Unterstützungsbeziehungen zu nennen: Mit dem Partner oder der Partnerin zieht man die eigenen Kinder groß. Hierbei helfen sicherlich auch die Großeltern, sofern sie vor Ort verfügbar sind. Zumindest für die gelegentliche Betreuung lassen diese sich meist einspannen. Schließlich müssen die meisten Eltern ihren Beruf und die Kinder miteinander in Einklang bringen. Andererseits sind die Kinder auch bis zu einem gewissen Grad in Hilfeleistungen, die über Arbeiten im Garten, die digitalen Geräte einzurichten bis hin zu Funktionen in der Pflege der Eltern reichen, eingespannt.

Ein Problem bei der Betrachtung der Stärke von Beziehungen ist, dass man bei diesem Konzept die Vielfalt, die in Beziehungen steckt, auf eine Dimension reduziert. Dagegen ist es möglich, ganz unterschiedliche Typen starker Beziehungen voneinander zu unterscheiden. Nicht jede starke Beziehung leistet für die daran beteiligten Partner das Gleiche. Je nachdem, zu welcher der aufgezählten Positionenverhältnisse diese zählen, unterscheiden sich Beziehungen in zahlreichen Dimensionen. Eine beispielhafte Auflistung findet sich in einem Aufsatz von Stegbauer (2010: 111).

So sind die Eigenschaften von Eltern-Kind-Beziehungen von denen einer Partnerschaft deutlich unterscheidbar. Das ist natürlich völlig klar und es trifft zu, obwohl es sich bei beiden Typen um starke Relationen handelt: Dies betrifft beispielsweise die Unterscheidung von Dimensionen wie einseitige Verantwortung, Unentrinnbarkeit der Beziehung und die Legitimität von Sex. Eltern sind für ihre Kinder zunächst sehr einseitig verantwortlich und erziehungsberechtigt. Man könnte noch weiter gehen und behaupten, dass Kinder gar nicht ohne enge Bezugspersonen, wie es nun mal meist die Eltern sind, zurechtkommen könnten.

Für Partnerschaften trifft das aber keineswegs zu. Ein Hinweis darauf ist die hohe Trennungsrate (Klein und Kopp 1999), die sich in offiziellen Statistiken allenfalls für die Scheidung von Ehen feststellen lässt. Viel mehr Verbindungen werden bereits gelöst, bevor Ehen daraus wurden. Eigentlich ist die Ehe ja sogar eine Institution, die für Partnerschaften gar nicht notwendig ist. Jenseits dessen würde man sagen, dass Partnerschaften grundsätzlich lösbar sind. Sie besitzen nicht die engen Bande, wie Blutsbeziehungen (irgendwie widerstrebt mir der Ausdruck), aber der Begriff zeigt die verwandtschaftlichen Beziehungen an. Während alle Partnerschaften gelöst werden können, ist das für die Verwandtschaft praktisch nicht der Fall. Diese Verbindungen trägt man ein Leben lang mit sich herum und selbst Entfremdungsphasen täuschen nicht darüber hinweg, dass diese Bindungen dennoch existent bleiben.

Freundschaften lösen sich noch schneller als Partnerschaften. Der Begriff der Freundschaft ist aber von allen Typen enger Verbindungen am schwierigsten zu definieren. Zwar würde man sagen, dass Freundschaft auch etwas ist, was sich zwischen Kulturen unterscheidet, das ist aber nicht alles: Freundschaften unterscheiden sich auch von Beziehung zu Beziehung, da viele Elemente innerhalb der Beziehung ausgehandelt werden. Oft sind Freundschaften mit einem bestimmten Kontext verbunden. Viele Freundschaften vergehen, wenn der Kontext oder wir würden auch sagen die Grundlage, welche durch Strukturation entsteht, fehlt. Damit ist gemeint, dass man sich aufgrund geänderter Umstände nicht mehr jeden Tag über den Weg läuft. So kann es sein, dass der eine in eine andere Stadt zieht oder auch nur, dass er durch eine Versetzung in eine andere Abteilung nicht mehr zufällig am Büro des anderen vorbeikommt.

Auf die unterschiedlichen Bedingungen des Umgangs miteinander habe ich schon hingewiesen. Hierzu zählen die Übernahme von Verantwortung, gegenseitige Hilfeleistung, weil das in Verwandtschaftsbeziehungen so erwartet wird. Exklusiv für die verschiedenen Typen der starken Verbindungen ist auch, dass von den drei genannten Arten starker Beziehungen, Eltern-Kind-Verhältnisse, Freundschaft und Partnerschaft nur in einer Beziehungsart Sex zu haben nicht tabuisiert ist. Bei Partnerschaften ist dieser geradezu beziehungskonstitutiv. In Freundschaften ist es eher selten, würde ich sagen, aber zwischen Eltern und Kindern ist Sex absolut tabuisiert. Starken Beziehungen gemeinsam ist in den meisten Fällen, dass die Personen in einem regen Austausch stehen und dadurch viel übereinander wissen. Neben dem Wissen über die anderen Personen floaten in starken Beziehungen auch Informationen über andere Dinge. Man spricht davon, dass Informationen in solchen Beziehungssystemen redundant vorliegen.

Schwache Beziehungen

Der zweite Typ, den ich hier behandeln möchte, beschäftigt sich mit schwachen Beziehungen (weak ties): Deren Bedeutung wurde, sofern man die Netzwerkforschungsgeschichte hinzuzieht, nicht sofort erkannt. Zunächst beschäftigte man sich eher mit starken Beziehungen, denn hier ist die Wirkung der Relation unübersehbar. Marc Granovetter (1973) schrieb einen Aufsatz über die Stärke schwacher Beziehungen. Ein Grund dafür, dass man sich zunächst den starken Beziehungen zuwandte, war sicherlich, dass man sich den Wirkungen der Beziehungsstruktur zunächst an naheliegenden Forschungsobjekten klar werden musste. Das ist ein Muster, welchem man häufig folgt in den Wissenschaften. Lévi-Strauss etwa hat seine strukturalistische Theorie ja auch zunächst an den Verwandtschaftsbeziehungen entwickelt, bei denen die Strukturen am markantesten waren. Erst später wandte er sich den Mythengebäuden zu, die als reine Kopfgeburten aber Ähnlichkeiten zu den nichthintergehbaren Abstammungsbeziehungen aufwiesen (Lévi-Strauss 1980). Wenn man sich einer Tatsache in der Wissenschaft relativ sicher geworden ist, versucht man die gewonnen Erkenntnisse mit eher unwahrscheinlichen Fällen zu konfrontieren. Dabei wird dann offenbar, ob die Überlegungen eine weitergehende Gültigkeit besitzen können, die Theorie also über die naheliegenden Fälle hinausträgt. In der qualitativen Forschung sind solche Beziehungen als Methode der maximalen Kontrastierung (z. B. Oevermann 2002) bekannt geworden. Ich will nicht behaupten, dass dies tatsächlich die überragende Begründung bei den Überlegungen zu schwachen Beziehungen war. Es handelt sich bei der maximalen Kontrastierung um ein Prinzip, welches man anwendet, um eine anhand von empirischen Untersuchungen entwickelte Theorie zu testen. Teststatistik lässt sich in solchen Fällen naturgemäß nicht anwenden, weil meist nur sehr wenige Interviews in solche Forschungen einfließen können. Wenn man aber das Kontrastierungsprinzip anwendet, lassen sich die Gültigkeit und die Tragweite solcher Erkenntnisse deutlich erhöhen. Man könnte aber auch sagen, dass es sich um ein Denkprinzip handelt, bei dem es darum geht, Erkenntnisse auf unterschiedliche Fälle zu übertragen.

Die große Bedeutung der schwachen Beziehungen wurde Granovetter vor Augen geführt, als er eine Untersuchung darüber anstellte, wie Ingenieure an ihre Jobs gekommen waren (Granovetter 1974). Es stellte sich heraus, dass jobsuchende Ingenieure die Informationen, die zum Finden einer neuen Stelle führten, sehr häufig weder durch Stellenanzeigen noch von engen Freunden bekamen, sondern von Bekannten. Wenn man also eine Stelle oder eine Wohnung sucht, sollte man dies nicht nur im engen Freundeskreis kundtun, sondern auch die Bekannten, die man weniger häufig sieht, ansprechen. Die engen Beziehungen sind nicht besonders hilfreich, denn deren Wissen ist einem als Stellensuchendem meist bereits ebenfalls bekannt. Daher besitzen Informationen einen geringen Neuigkeitswert. Insofern können schwache Beziehungen sehr hilfreich sein. Schwache Beziehungen führen aus dem eigenen engen Kontext hinaus. Schon in seinem ersten Aufsatz beschreibt Granovetter (1973) die Problematik, dass es schwierig wird, sich in Angelegenheiten der Community einzumischen, wenn nicht genügend schwache Beziehungen vorhanden sind.

In der qualitativen Netzwerkforschung bedient man sich, wenn man Interviews führt, häufig eines Hilfsmittels, um den Gesprächspartnern eine Hilfe bei der Rekapitulation der Menschen, die mit ihnen in

Beziehung stehen, zu bieten. Es handelt sich um ein Blatt, auf dem sich in der Mitte ein Punkt befindet, der von zwei, drei oder vier größeren Kreisen umgeben ist. Man nennt dieses Vorgehen die Methode der konzentrischen Kreise (Kahn und Antonucci 1980; Straus 2010). Die engeren Beziehungen werden vom Interviewten im Kreis in der Nähe des Mittelpunkts eingezeichnet, die weniger engen kommen im Kreis dahinter und die entfernten Bekannten, sofern solch schwache Beziehungen überhaupt erinnert werden, zeichnet man noch weiter außen ein.

Kontrastierend im o. g. Sinne lässt sich darüber hinaus noch eine weitere Kategorie von Beziehungen aufgrund ihrer Stärke unterscheiden. Diese lassen sich praktisch gar nicht mit den Mitteln der traditionellen Netzwerkanalyse erfassen. Man kann sogar fragen, ob es sich in der klassischen Definition überhaupt um Beziehungen handelt. Es handelt sich um die superschwachen Beziehungen. Wenn als Kriterium für die Bedeutung von Beziehungen angegeben wird, dass es darauf ankommt, dass diese verhaltensrelevant sind, dann muss man diese Beziehungsart unbedingt hinzunehmen. Sehr häufig entsteht diese Art an Beziehungen ad hoc, z. B. weil man mit anderen Personen zur selben Zeit am selben Ort ist, auch wenn man diese gar nicht kennt. Wenn aber eine Begründung der Netzwerkforschung ist, erklären zu können, warum sich Personen auf die eine oder andere Art verhalten, dann sind superschwache Beziehungen eine Kategorie, die nicht vernachlässigt werden sollte.

Superschwache Beziehungen

Superschwache Beziehungen (super weak ties): Wie der Begriff schon sagt, sind diese noch schwächer als die schwachen Beziehungen. Es handelt sich nämlich nicht einmal um Bekanntschaften. Um über eine superschwache Beziehung zu verfügen, reicht es aus, zur selben Zeit am selben Ort zu sein. Wenn man beobachten kann, wie die anderen sich verhalten, kann man sich daran orientieren. Das gilt eigentlich immer. Besonders wirksam ist die Übertragung von Verhalten aber in Situationen mit großer Unsicherheit. Dann unterstellt man den anderen Anwesenden, mehr über das Verhalten anlässlich dieses Typs von Situationen zu wissen. Ich habe mir genauer angesehen, warum auf dem Platz vor dem Schiefen Turm zu Pisa fast alle Touristen „Turmhaltebilder" anfertigen. Das Verhalten springt über[1]. Die Touristen vor Ort beobachten, wie sich die anderen verhalten. Kurz gesagt: merkwürdig. Es dauert einen kurzen Moment, bis sie begreifen, was sich da tut. Die Leute stellen sich in einer Linie mit dem Turm und den begleitenden anderen auf, um ein Bild zu machen, bei dem es so aussieht, als würden sie den Schiefen Turm vor dem Umfallen bewahren. Was man auch sieht, sind Variationen des „klassischen" Bildes, so treten manche gegen den Turm oder es werden Formationen gebildet, um diesen noch fester abzustützen. Die Variationen können interpretiert werden als Wettbewerb um die besten Fotos. Hier orientieren sich wildfremde Menschen aneinander und dies geschieht kulturübergreifend. Selten, dass solche Situationen erlebt werden können, in denen sich tatsächlich auch Menschen aus unterschiedlichen Kulturkreisen aneinander orientieren.

Irgendjemand muss aber mit diesem Verhalten beginnen – und das jeden Tag: Da es unwahrscheinlich ist, dass die Touristen dasselbe Bild jeden Tag aufs Neue erfinden, muss es eine weitere Quelle für dieses Verhalten geben. Hier kommt eigentlich nur das Internet in Betracht: Auf Instagram etwa finden sich sehr viele Turmhaltebilder. Sofern man nach Pisa sucht, ist das meist das Erste, was man sieht (Stegbauer 2023). Dadurch sind morgens schon die ersten Touristen da, die beginnen, die für diesen Ort ikonischen Bilder zu fotografieren. Die anderen Touristen, die später hinzukommen, können sich dann daran orientieren, was ihnen die anderen an Verhaltensweisen präsentieren.

Allerdings springt das Verhalten nicht immer über. Hierfür müssen mindestens ein paar Voraussetzungen erfüllt sein: man muss sich z. B. gegenseitig sympathisch sein oder zumindest in derselben Position (so interessieren sich nur Reisende für diese Art Fotos zu machen, nicht jedoch Einheimische). Die Bedingung des Sympathischseins ist vielleicht sogar übertrieben, besser gesagt, reicht es häufig, dass man diejenigen, an die man sein Verhalten anpasst, nicht völlig ablehnt.

Die Voraussetzung des gegenseitigen Beobachtens mit gleichzeitiger Anwesenheit ist nicht einmal zwingend. Das ist so bei einigen der

---

[1] Genaueres zu superschwachen Beziehungen findet sich in Stegbauer 2023.

Besucher des Turmplatzes der Fall, denn diese haben sich bereits vorher über die typische Art der Bilder informiert, die man von dort mitbringen muss. In einer anderen Untersuchung haben wir solche Übersprünge in den Medien selbst beobachtet (Stegbauer 2018). Dabei ging es um Shitstorms. In einem Shitstorm orientierten sich die Beteiligten an dem, was die anderen schon vor ihnen im Stream der Nachrichten geschrieben hatten. So konnte ich zeigen, dass bestimmte Motive in den Posts in einem Diskussionsforum aufgegriffen wurden und zu neuen Mitteilungen zum selben Thema führten. Daran kann man nachweisen, dass sich die Menschen auch dann aneinander orientieren, wenn sie sich nicht einmal gegenseitig anschauen können. Es reichen deren Artefakte aus, um bereits orientierend zu wirken. Allerdings waren die Foren so aufgesetzt worden, dass dort immer nur eine einseitige Meinung vertreten wurde. Widerspruch wurde dort nicht geduldet. Insofern kann man für diejenigen, die dort übrigblieben, eine gewisse Grundsympathie unterstellen. Sie sind hinsichtlich ihrer politischen Einstellungen dort relativ homogen.

Dadurch, dass das Verhalten über superschwache Beziehungen auch zwischen einander Fremden in bestimmten Situationen übertragen werden kann, stützt diese Kategorie von Beziehungen die Verbreitung von einander ähnlichem Verhalten. Das könnte man auch als einen Mechanismus zur Übertragung von Kultur bezeichnen. Das gilt insbesondere für solche Typen von Situationen, die einer gewissen Öffentlichkeit unterliegen. Meist muss man die anderen sehen oder das, was sie tun, über Medien verfolgen, damit eine Verhaltenswirksamkeit erzeugt wird.

Das Zusammenwirken verschiedener Beziehungsstärken

Bis eben habe ich die Wirkung der verschiedenen Beziehungsstärken nur für sich betrachtet. Tatsächlich muss man eigentlich noch eine andere Betrachtung anstellen: Es spielen nämlich die Kombinationen der verschiedenen Typen der Beziehungsstärke eine wichtige Rolle bei der Erklärung der Wirkung von Relationen. Ron Burt (1992) beispielsweise

Annahme 4: Stärke von Beziehungen und was das für uns bedeutet

hat auf Granovetters Erkenntnis von der Bedeutung schwacher Beziehungen seine Überlegungen zur Überbrückung struktureller Löcher aufgebaut. Seine Idee war, dass zum einen in miteinander engverbundenen Gruppen kaum neue Ideen entstehen. Es herrscht also eine gewisse Statik. Das gilt für alle Gruppen mit starken internen Beziehungen gleichermaßen. Das kommt daher, dass innerhalb dieser Gruppen die Informationen größtenteils gleichverteilt sind. Man spricht von einer ubiquitären Verteilung von Informationen. Jeder Einzelne weiß praktisch dasselbe wie die anderen auch. Man kann kaum einen Witz erzählen, ohne dass die anderen anfangen zu gähnen und behaupten, es sei dem Joke doch schon ein Bart gewachsen. Das kommt daher, dass man viel Zeit miteinander verbringt und viel miteinander kommuniziert. Zwischen verschiedenen Gruppen jedoch, so Burts Überlegung, bestehe ein großes Informationsgefälle. Neue Ideen kämen dann durch die Übertragung von Informationen zwischen den Gruppen zustande. Es besteht also eine Informationslücke zwischen den unterschiedlichen Gruppen. Diese Lücke bezeichnet man als „strukturelles Loch". Solche Löcher zwischen den voneinander abgegrenzten Gruppen gelte es zu überbrücken. Dadurch gelangten neue Informationen in die verschiedenen Gruppen. Diese neuen Informationen stünden für die Möglichkeit, Innovationen dort einzuführen.

Burt bildet an seiner Universität in Chicago künftige Manager aus. Diesen rät er, sich selbst in eine Maklerposition zu bringen. Das bedeutet, dass man in der Lage sein muss, solche strukturellen Löcher zu erkennen, bevor man diese für sich nutzen kann. Die Nutzung solcher Informationslücken sei besonders vorteilhaft, weil derjenige, der zwischen den Gruppen steht, in der Lage ist, mit Informationen zu makeln. Diese Person kann also den Fluss der Informationen kontrollieren und so in seinem eigenen Interesse handeln. Ich selbst mache mir diese Interpretation Burts nicht unbedingt zu eigen, dennoch handelt es sich um eine typische Argumentation, die sehr anschaulich illustriert, wie unterschiedliche Stärkegrade von Beziehungen zusammenspielen bzw. zusammen gedacht werden können. Die Idee, dass unterschiedliche Informationen bzw. Lösungen für Probleme zwischen unterschiedlichen Kreisen übertragen werden können, ist hingegen sehr einleuchtend.

Diese behandele ich in Grundannahme zwölf noch einmal genauer, wenn es darum geht, aufzuzeigen, wie unterschiedliche Organisationen miteinander in Verbindung stehen.

Nicht nur die Kombination aus schwachen und starken Beziehungen ist von Bedeutung, dasselbe gilt auch für Verknüpfungen der anderen Stärketypen von Beziehungen. Beispielsweise für die aus superschwachen und starken Beziehungen, wobei sich der hier zu verhandelnde Mechanismus von Burts Analyse gar nicht so sehr unterscheidet: Wenn beispielsweise ein großes Open-Air-Festival besucht werden soll, so können diejenigen, die schon einmal ein solches Event besucht haben, ihre Beobachtungen an die Greenhörner in der Gruppe weitergeben. Auch so wird Kultur, die sich über superschwache Beziehungen angeeignet wurde, in kleinere, also aus weniger Personen und durch stärkere Beziehungen geprägte Netzwerkkonstellationen übertragen.

Annahme 5: Hinter unserem Rücken: Beziehungsstrukturen wirken auch wenn wir sie nicht wahrnehmen

Die Tatsache, dass es Strukturen hinter unserem Rücken gibt, bedeutet, dass diese nicht oder nur zu einem sehr geringen Teil wahrnehmbar sind. Auch wenn man nichts von ihnen weiß, sind sie dennoch da und beeinflussen uns. Mehr noch, in vielen Bereichen bestimmen diese unsichtbaren Strukturen über uns. Was man erfährt, was man erlebt, ist nicht unbedingt das, was an sozialer Ordnung dieses Erleben[1] zustande gebracht hat. Wir wissen also in unserem Alltag so gut wie nichts über die Konstellation, die uns leitet. Das bedeutet aber auch, dass Interviews zur Untersuchung der Folgen dieser Strukturen denkbar ungeeignet sind. Wie will man von einem Interviewten etwas erklärt haben, was er selbst nicht weiß.

Jede Person verhält sich in einer bestimmten Weise und das tun auch die anderen Menschen in der Umgebung, in der man sich befindet.

---

[1] Tatsächlich findet sich die Thematisierung der Differenz zwischen Erleben und Struktur schon bei Simmel (1917): „Die allerdings vielleicht unauflösbare Einheit, die der Begriff Individuum bedeutet, ist überhaupt kein Gegenstand des Erkennens, sondern nur des Erlebens; die Art, wie ein jeder sie an sich und am Andern weiß, ist keiner sonstigen Art des Wissens vergleichlich."

Die Erklärung, die daraus resultiert, entsteht praktisch immer aus dem eigenen Erlebnisblickwinkel oder dem der anderen, mit denen man spricht. Einfache Erklärungen für Handlungen bzw. Verhalten gegenüber anderen Menschen beziehen sich auf Zweckrationalität oder die Psyche der Menschen. Tatsächlich findet sich aber meist ein Beziehungszusammenhang[2], wenn wir das Verhalten von anderen Menschen betrachten. Dieser ist aber oft nicht erklärbar oder vom Einzelnen verstehbar. Das Problem, das eigene Verhalten für jemand anderen verstehbar zu machen, trifft beispielsweise auch auf die anderen (abgesehen von der Zweckrationalität) von Max Weber genannten Typen sozialen Handelns zu, wie traditionales, wertrationales oder affektuelles Handeln (Weber 2002, zuerst 1922). Gleichwohl werden, falls jemand anderem gegenüber Erklärungen für Handlungen bzw. Verhaltensweisen gegeben werden, auch immer die Beziehungen mitberücksichtigt (Tilly 2006). Dies geschieht allerdings in einer anderen Art als hier gemeint: Die Beteiligten nennen nicht die wahren Gründe, sondern solche, die am wenigsten schädigend für die Beziehung sind.

Verstehbar ist es für den Einzelnen deswegen nicht, weil er den Einfluss der Beziehungen oft nicht so genau wahrnimmt und auch nicht weiß, wie die Beziehungen zustande gekommen sind. Tatsächlich hat der Einzelne keinen Überblick über die Struktur seines eigenen bzw. des ihn umgebenden Netzwerks. Man weiß auch kaum etwas über die Entstehung der Beziehungsstruktur um einen herum. Im Alltag bzw. während man selbst dabei ist, steht man hinsichtlich seiner Beobachtungen und deren Interpretation selbst im Zentrum und kann eigentlich nur einen sehr kleinen Teil des Netzwerks überblicken. Die Weitergabe von Informationen, von kulturellen Werkzeugen etc. erfolgt aber über Strukturen, die der Einzelne nicht erkennen kann (also hinter dem eigenen Rücken).

---

[2] Die Tatsache, dass Erklärungen, die aus Erfahrungen stammen, im Gegensatz zu denjenigen, die auf Beziehungsstrukturen beruhen, wenig Erfolg haben, fand schon Durkheim (1897) in seiner Studie zum Selbstmord heraus.

Freunde, die füreinander bestimmt sind

Zur Nichtwahrnehmbarkeit gehören auch die Ergebnisse dessen, was die Struktur ausmacht. Sprechen wir über Strukturation (Giddens 1984): Hierbei geht es darum, wer überhaupt in der Lage ist, aufeinanderzutreffen. Das ist der entscheidende Faktor, miteinander in Beziehung zu treten. Die Strukturation sorgt sozusagen für eine Vorsortierung möglicher Beziehungen. Es scheint uns, als wählten wir unseren Umgang (die Freunde und Partner) selbst aus, und/oder wir haben den Eindruck, von jemand anderem gewählt zu werden. Die feste Überzeugung, beispielsweise von den Studierenden, mit denen ich darüber spreche, ist, dass sie sich die Freunde selbst aussuchen. Aufgeschlossener sind sie schon dem eben genannten Argument gegenüber, dass wir nicht die Möglichkeit haben, unter allen zu wählen. Es kommt zunächst einmal darauf an, mit wem wir zusammentreffen können. Das ist aber nur eine kleine, bereits gefilterte Menge an möglichen Freunden. Diese Bedingung der Möglichkeit, zusammenzutreffen, ist z. B. abhängig von Alltagsroutinen (Arbeitsplatz, Wege, Zeiten, kurz: Zeit und Raum, in denen man präsent ist) oder Zugangsbeschränkungen (etwa Mitgliedschaften oder Demarkationen, die auch über Preise errichtet werden können, was mögliche Orte zur Beziehungsanbahnung anbetrifft). Ein Großteil dessen, was als Homophilie gemessen wird (McPherson et al. 2001), dass also Menschen, die einander hinsichtlich ihrer Merkmale (Attribute) oder Einstellungen ähneln, Beziehungen untereinander aufnehmen, rührt daher, dass aufgrund der Strukturation einander ähnliche Menschen eher miteinander in Kontakt kommen als einander unähnliche.

Gelegenheiten zum Kennenlernen

Das ist aber noch nicht alles: Wen wir kennenlernen, hängt vom jeweiligen Kontext ab und davon, wie offen wir im Augenblick des Zusammentreffens sind. Die Möglichkeiten zum Kennenlernen sind also nicht immer gleich verteilt. So ist die Offenheit abhängig von der Situation, in der man sich in dem Moment befindet, wenn man den anderen Menschen begegnet. Die Offenheit dieses Augenblicks wandelt sich zu einer relativen Schließung, sobald man andere Menschen kennengelernt hat. So lernen Studierende ihre Freunde während des Studiums häufig ganz zu Beginn, nämlich in der Orientierungswoche, kennen. Warum gerade da? In dem Augenblick kennen sie noch niemanden und sind aus diesem Grund bereit dafür, neue Beziehungen einzugehen. Aber auch aus dieser Gruppe findet nicht einmal eine aktive Wahl statt, sondern am Ende sind es meist diejenigen, die zufällig während der kritischen Zeitspanne nebeneinandersitzen, die sich untereinander anfreunden. So jedenfalls meine Erfahrung, wenn ich im Hörsaal danach frage, wer mit wem befreundet ist. Meist stellt sich genau das heraus, was ich eben beschrieben habe: Die beiden kennen sich aus der Orientierungswoche.

Gesättigte Freundschaften und Gier nach Kontakten

Sogar an dieses Argument lassen sich noch weitere Überlegungen anschließen: Diejenigen, die zum Studium in eine andere Stadt ziehen, finden eher solche, die auch für das Studium umgezogen sind. Etwas unwahrscheinlicher hingegen ist der Kontakt zu denjenigen, die weniger mobil sind und am Schulort auch studieren. Das ist ein Effekt dessen, dass Letztere bereits über zahlreiche Kontakte aus der Schulzeit verfügen. Oft ist es dann sogar noch so, dass auch noch ihre Eltern und manchmal auch noch die Großeltern immer noch am selben Ort wohnen. Sie sind mit diesen Beziehungen beschäftigt, denn Beziehungspflege mit Freunden und Bekannten ist aufwendig. Gegenseitige Besuche und gemeinsame Unternehmungen erfordern Zeit. Auch kann man nicht immer selbst entscheiden, mit wem man sich treffen möchte, die Freunde und die Eltern geben das bis zu einem gewissen Teil vor. Geburtstage und andere Partys werden gemeinsam gefeiert. Wenn man eingeladen wird, erwarten diejenigen, die einladen, dass die erwachsenen Kinder oder die Freunde auch tatsächlich kommen.

Neue Freunde würden das Beziehungsarrangement bis zu einem gewissen Grad stören. Der dahinterstehende soziale Mechanismus besagt, dass in diesem Fall eine geringere Notwendigkeit besteht, neue Bekanntschaften zu machen. Die Anforderungen, welche von den bestehenden Beziehungen ausgehen, sorgen dafür, dass die weniger mobilen Studierenden öfters die Gelegenheiten zum Kennenlernen verpassen. Diejenigen, die mobil sind, lernen aus den genannten Gründen auch eher die anderen mobilen Studierenden kennen. Als Neuling in einer neuen Stadt an einer noch unbekannten Universität giert man regelrecht nach Kontakten. Die anderen, die ebenfalls neue Freunde suchen, befinden sich in einer ähnlichen Lage. Vermutlich ist es zudem so, dass die mobilen Studierenden auch noch die besseren Noten zu verzeichnen haben, vielleicht gerade auch, weil sie nicht so von ihren Freunden und Freundinnen abgelenkt sind, jedenfalls zu Beginn am neuen Ort. Wenn sich auf diese Weise die besonders Engagierten in die Arme laufen, dann könnte das bedeuten, dass die am Ort neu „Eingewanderten" am Ende mit den besseren Ergebnissen abschließen. Auf die Studienortwechsler sollte das in besonderem Maße zutreffen, denn diese bringen Erfahrungen aus anderen Standorten mit. In welcher Weise sich der Standort auswirkt, an dem man studiert, zeige ich im folgenden Absatz.

Ob man Freunde hat, hängt vom Studienort ab

Vor ein paar Jahren bot ich mit einer Kollegin einer benachbarten Universität eine gemeinsame Lehrveranstaltung an. Wir hatten ein Seminar gemeinsam entwickelt, welches von Studierenden beider Universitäten von Externen besucht werden konnte. Als Titel für das Seminar hatten wir uns „Springschool" überlegt, weil die Veranstaltung in den Semesterferien angeboten wurde und eben auch für Externe geöffnet wurde. Zu Übungszwecken haben wir nach den bereits vor dem Seminar bestehenden Kontakten der Studierenden untereinander gefragt. Als Ergebnis kam heraus, dass die Studierenden der Universität mit einem weniger breiten Soziologieangebot über viel dichtere[3] Beziehungen untereinander verfügten als die aus Frankfurt. Das Fach Soziologie ist in Frankfurt (zusammen mit Bielefeld) das größte in Deutschland und damit bedeutend größer als in der benachbarten Universitätsstadt. Wenn das Lehrangebot geringer ist, muss man jedem anderen, mit dem man studiert in Seminaren notwendigerweise über den Weg laufen. Das ist in Frankfurt nicht unbedingt so[4]. Von den Studierenden aus Frankfurt kannten sich deutlich weniger bereits bevor sie diese Veranstaltung besuchten. Die Studienorganisation entscheidet also mit darüber, wie die Struktur der Beziehungen am Ende aussieht. Sie ist mitentscheidend, wenn es darum geht, wen man kennenlernen kann. Dieses Ergebnis ist etwas, was sich ebenfalls dem Erleben entzieht bzw. man erfährt die Konsequenz darin, dass die Studierenden in einer Stadt wie Frankfurt einsamer sind. Das trifft vielleicht nicht auf jeden Einzelnen zu, dürfte aber im Durchschnitt stimmen. Positiv interpretiert, gibt es noch eine andere Möglichkeit: Wenn durch den beschriebenen Mechanismus die Anzahl der Beziehungen, die zustande kommt, tatsächlich deutlich geringer ist, dann könnte es sein, dass die Relationen intensiver sind. Gegen diese Idee wiederum spricht, dass in Großstädten die sozialen Kreise deutlich differenzierter sein dürften. Das bedeutet, dass es mehr uniplexe Beziehungen gibt als in einer kleineren Universitätsstadt. Uniplexe Beziehungen allerdings dürften normalerweise nicht so stark wie multiplexe sein. Als besonderer Vorteil kleinerer Universitätsstädte wird das schnellere Kennenlernen der Mitstudierenden betrachtet[5].

---

[3] Mit Dichte bezeichnet man ein Netzwerkmaß, welches den Anteil der realisierten an den möglichen Beziehungen angibt. Von der einen Universität mit einem kleineren Soziologiebereich hatten wir 15 Teilnehmende, aus Frankfurt den drei- bis viermal so großen Soziologie waren es 13 Studierende. 52 % der möglichen Beziehungen waren an der Uni mit der kleinen Soziologie realisiert und 32 % an der Frankfurter Universität. Es wurde danach gefragt, wer wen vom Sehen her kennt, die Daten wurden symmetrisiert. Tatsächlich gab es auch bereits Bekanntschaften zwischen den Gruppen, die aber erwartungsgemäß deutlich geringer waren; knapp 6 % der Teilnehmenden kannten sich, obwohl sie an unterschiedlichen Universitäten studierten.

[4] Wobei es auch in den Fachbereichen mit breitem Lehrangebot auf den Studiengang ankommt. Es wurden in den letzten Jahren so viele spezialisierte Masterstudiengänge geschaffen, dass man durch das dann reduzierte Lehrangebot eine ganz ähnliche Situation wie in der Stadt mit dem schmaleren Studiengang hervorruft.

[5] Studienwahl: Vorteile kleiner Universitäten – SparCampus.de, https://www.sparcampus.de/blog/studienwahl-vorteile-kleiner-universitaeten/ (27.11.2023).

Dort begegnet man sich nicht nur an der Uni, sondern auch öfter in der Freizeit, etwa in der Kneipe. Das macht die kleineren Städte in der Hinsicht, dass man leichter andere Kommilitonen kennenlernt, attraktiver als große Unis. Das gilt, obwohl Letztere eigentlich mehr zu bieten haben, denn sie ermöglichen ein breiter angelegtes Studium.

Wir wissen nicht, wie die Umstände wirken

Wenn ich diese Grundannahme einmal resümiere, so zeigt sich recht deutlich, in welchem Ausmaß Faktoren, die man selbst kaum beeinflussen kann und die man auch nicht wahrnimmt, auf die Herausbildung von Beziehungen einwirken. Aus der Perspektive jedes Einzelnen stellt sich das dann so dar, dass man in der größeren Stadt möglicherweise einsamer ist. Vielleicht geben sich die Studierenden dafür selbst die Schuld. Tatsächlich sind aber individuelle Auswirkungen wie das häufige Alleinsein ein Ergebnis der Studienorganisation, auf die man selbst keinen Einfluss hat. Auch die anderen genannten Argumente gehen in eine ähnliche Richtung. In der Regel verstehen wir die Strukturen, die uns mitbeherrschen gar nicht. Diese sind nämlich unserer Wahrnehmung (dem Erleben) entzogen. Für uns stellt sich das Kennenlernen einer anderen Person dann als Zufall dar. Allerdings handelt es sich bei diesem Zufall keineswegs um etwas, was einer besonderen Chance entspringt. Man könnte sagen, es handelt sich um eine Art von Fügung. Den dahinterstehenden Mechanismus könnte man in einer Abwandlung des von Adam Smith geprägten Begriffs als eine Art von „unsichtbarer Hand" bezeichnen. Die Argumente dazu, wie die Beziehungsstruktur auf uns Einfluss nimmt, werden in der folgenden Annahme fortgeführt.

Annahme 6: Die Struktur von Beziehungen begrenzt uns

In dieser Annahme geht es darum, welche konkreten Restriktionen uns von der Struktur auferlegt werden. Das war ja in einer ähnlichen Form bereits Gegenstand der vorhergehenden Grundannahme. Manche Beziehungen führen ins Abseits, während andere uns oder einer Gruppe eine Menge an Möglichkeiten verschaffen. Aber schauen wir einfach einmal genauer hin.

Abgeschnitten vom Rest des Netzwerks

Nicht alle Ressourcen des Netzwerks sind für alle zugänglich. Zum einen ist dies der Fall wegen der Strukturation, welche die Möglichkeiten der Bildung von Beziehungen einschränkt, zum anderen sind die Strukturen manchmal so, dass einige Knoten (hier sind damit Personen gemeint) entweder abgeschnitten sind oder nur über eine fragile Verbindung zum Rest des Netzwerkes verfügen. Eine fragile Verbindung reißt schnell ab. Wer sich an so einer Stelle des Netzwerks befindet, ist tendenziell in einer prekären Lage. Das betrifft beispielsweise die soziale

Integration im Netzwerk und möglicherweise auch den Informationsfluss, der einen erreicht.

Über eine fragile Verbindung würden wir beispielsweise sprechen, wenn ein Teil des Netzwerks nur über eine einzige Person mit dem Kern des gesamten Netzwerks kommunizieren kann. Fällt diese einzige Mittlerperson aus, dann verliert ein ganzer Teil des Netzwerks den Zugang zu allen anderen. Personen, die solche Verbindungen herstellen, sind also sehr wichtig. In der Netzwerkforschung wird solchen Verbindungsstellen große Aufmerksamkeit geschenkt. Das geschieht etwa dadurch, dass sog. Betweennessmaße (Freeman 1978) entwickelt wurden, mit denen man solche Verbindungen bewerten kann. Zum einen ist es möglich, mit dem Zentralitätsmaß Betweenness zu bestimmen, welche Personen solche gefährdeten Verbindungen aufrechterhalten. Zum anderen findet sich mit dem Maß der Edge-Betweenness eine Möglichkeit zur Identifikation besonders wichtiger Beziehungen hinsichtlich des Zusammenhalts einer Netzwerkkomponente.[1]

Der Einzelne kann häufig kaum etwas tun, um dann wieder Anschluss an die anderen Teile des Netzwerks zu gewinnen. Als beispielsweise meine Großmutter starb, habe ich zum letzten Mal große Teile der Verwandtschaft gesehen. Ich kannte diesen Teil der Verwandten durch deren Besuche bei meinen Großeltern oder durch Feste, zu denen diese eingeladen wurden. Nach Omas Tod gab es aber keinen direkten Anlass mehr für ein Zusammentreffen oder deren Besuch bei uns, was ich nach wie vor etwas bedaure. Ich selbst hatte aber nie eine so starke Beziehung zu diesen Leuten, dass ich von mir aus den Kontakt gesucht hätte. Im Ergebnis so ähnlich ist die Erfahrung, die man macht, wenn sich Paare trennen. Nach einer Trennung sortieren sich auch die Freunde der Freunde neu. Je nachdem, welchem Teil des Paares man nähersteht, gehen die Beziehungen des einen oder anderen Partners für uns verloren. Wir treffen diese Personen dann nicht mehr auf Partys, die beispielsweise zu Geburtstagen ausgerichtet werden.

---

[1] Als Komponente bezeichnet man einen Teil eines Netzwerks, der zusammenhängend ist. Besteht ein Netzwerk nur aus einer Komponente, gibt es keine isolierten Knoten und auch keine isolierten Teilnetzwerke.

Beziehungsverbote

Strukturen von Beziehungen spielen auch auf anderen Ebenen eine Rolle, nämlich als Begrenzungen von Möglichkeiten. Zahlreiche Normen in der Gesellschaft beinhalten Beziehungsverbote. Das Lied „Spiel nicht mit den Schmuddelkindern" von Franz Josef Degenhardt ist vielleicht manchen (wahrscheinlich Älteren) noch im Ohr. Es drückt viel mehr aus, als nur zu sagen, dass sich die Kinder der besseren Gesellschaft von dem ärmeren Teil der Bevölkerung fernhalten sollen. Teilweise ziehen Eltern um, wenn sie ansonsten ihre Kinder in eine Schule mit ärmeren oder migrantischen Kindern schicken sollen, was dann in der Konsequenz eine Segregation der Bevölkerung in der Stadt bewirkt. Am Ende teilen sich die Städte so auf, dass relativ homogene Viertel entstehen. Als Ergebnis wohnen dann beispielsweise die Armen und Ausgegrenzten beieinander. Auch die Bessersituierten finden sich in einer Nachbarschaft mit ihnen ähnlichen Personen wieder. Ganz ähnlich verhält es sich mit Heiratsregeln: Auch hier gibt es immer noch Demarkationen zwischen unterschiedlichen Gesellschaftsschichten und -gruppen (Teckenberg 2000). Auch wenn es solche Regeln nicht explizit gibt und die meisten von uns der Ansicht sind, dass es sich um Liebesheiraten handelt. Das betrifft nicht nur religiös motivierte Begrenzungen, sondern auch die Verehelichung zwischen Partnern aus unterschiedlichen Gesellschaftsschichten.

Dabei wäre es für die Mobilität in der Gesellschaft sehr wichtig, dass Kontakte zwischen den unterschiedlichen Schichten der Gesellschaft gefördert werden. Nur so können Ärmere die Softskills lernen, die nicht in der Schule vermittelt werden, die aber für einen gesellschaftlichen Aufstieg notwendig sind.[2]

---

[2] Über die Idee, Kontakte zwischen unterschiedlichen Schichten zu institutionalisieren, berichten wir in der Aschaffenburger Jugendstudie (Stegbauer et al. 1998). Über die kulturell bedingten Verhaltensunterschiede finden sich Informationen bei Bourdieu (1992).

Warum wir manchen Menschen niemals über den Weg laufen

Die Wichtigkeit der Strukturation wurde bereits in der vorhergehenden Annahme thematisiert. Hier bedeutet das, dass sich bestimmte Kreise der Bevölkerung kaum treffen. Dies geschieht deswegen, weil es nur wenige Schnittpunkte zwischen den sozialen Kreisen (inkl. Ausbildung, Beruf und Freizeit) gibt. Wo man sich zu welchem Zeitpunkt aufhält, ergibt sich meistenteils daraus, zu welchem Teil des gesamten Netzwerks einer Gesellschaft man gehört. Neben Umgangsverboten stellen sich auch hierdurch unterschiedliche Möglichkeiten des Zusammentreffens ein. Zusammenfassend bedeutet dies, dass nicht jeder die Chance hat, mit jedem anderen in Kontakt zu kommen[3].

Allerdings ist die Überbrückung von normalerweise unzusammenhängenden Bereichen des Netzwerks auch deswegen besonders wichtig, weil dadurch die Gesellschaft trotz dieser Mechanismen des Auseinanderstrebens nicht zu weit zerrissen wird. Von einer anderen Warte aus gesehen, könnte man auch sagen, dass die unterschiedlichen Sichtweisen und Informationen, die in den verschiedenen Teilen des Netzwerks zirkulieren, ansonsten nicht ausgetauscht werden können. Vermittler, welche die unterschiedlichen Bereiche überbrücken können, sind, sofern es nur wenige Verbindungen zu bestimmten Teilen des gesamten Netzwerkes gibt, in der Lage, den Informationsfluss zu kontrollieren. Es besteht also eine Ungleichheit hinsichtlich der Verteilung von Informationen, die durch eine Analyse der Struktur beschrieben werden kann.

Wenn ansonsten über Diversität gesprochen wird, geht es meistens um die gleichberechtigte Teilhabe von Menschen, die ansonsten

---

[3] Judith Kleinfeld (1992) hat am Beispiel der Arbeiten von Milgrams Experimenten beschrieben, dass es durchaus Probleme bei der Überwindung von sozialen Barrieren gab. In Milgrams Experimenten zur Kleinen Welt sollte eine bestimmte Person in einer weit entfernten Stadt erreicht werden. Das geschah, indem der Brief an einen Bekannten gesendet werden sollte, der der Zielperson näher war. Dieser wiederum sendet den Brief auf die gleiche Weise weiter etc. In Variationen des Experiments wurden außer weißen auch schwarze Personen in den USA einbezogen. So sind Briefe, die von Weißen an Schwarze (oder umgekehrt) gerichtet waren, viel seltener angekommen. Siehe hierzu auch die Erörterung in Annahme acht zu der Kognitiven Struktur. Dort beschäftige ich mich explizit mit Überlegungen zu den Kleinen Welten.

ungleiche Chancen hätten. Dabei wird interessanterweise seltener auf soziale Ungleichheiten aufgrund unterschiedlicher Herkünfte in der vertikalen Verortung (Schicht oder Klasse) der Gesellschaft eingegangen, obwohl auch diese Ungleichheitsart ebenfalls als eine der Diversitätsdimensionen gilt[4]. Aus Sicht der Netzwerkforschung steht Diversität aber für soziale, kulturelle oder Informationsressourcen, welche durch die Unterschiedlichkeit der Menschen in einem Netzwerk gewährleistet werden kann.

Langfristige Strukturen – entscheidend ist, wann wir geboren sind

Wenn wir über Diversität reden, können wir an dieser Stelle gleich noch ein anderes Thema behandeln, von dem wir im Alltag ebenso nichts mitbekommen. In der letzten Zeit wird aber öfters in der Öffentlichkeit darüber geredet, auch im soziologischen Feuilleton (Bude 2024). Die Rede ist von Generationen, etwa den Boomern, zu denen ich auch gehöre. So gehörte Diversität der Herkünfte für Leute meiner Generation nicht zu den Erfahrungen, die ich in der Schulzeit hätte machen können. Das traf jedenfalls auf das Dorf und später die Kleinstadt zu, in denen ich in den 1960ern und 1970ern zur Schule ging. Erst während meiner Lehre habe ich es mit Menschen aus anderen Ländern zu tun bekommen, weil diese in Deutschland in dem großen Chemiebetrieb ebenfalls eine Ausbildung absolvierten. An der Universität setzte sich das dann fort. In meiner Jugend gab es kein Gemüse wie Zucchini, Auberginen und sogar Paprika waren rar. Ich kannte keine Granatäpfel und keine Mangos. Viele der Früchte wurden von den Migranten mitgebracht und das bereicherte unsere Kultur ungemein, was ein Effekt der durch die Einwanderung erhöhten Diversität ist.

---

[4] Die Dimensionen werden gewöhnlich wie folgt definiert: Geschlecht, sexuelle Orientierung, Alter, ethnische Herkunft & Nationalität, Religion & Weltanschauung, Behinderung, Soziale Herkunft. Vielfaltsdimensionen – für Diversity in der Arbeitswelt (charta-der-vielfalt.de) https://www.charta-der-vielfalt.de/fuer-arbeitgebende/vielfaltsdimensionen/ (27.11.2023).

Eine Generation später sind meine Kinder – nun in der Großstadt – mit anderen völlig unterschiedlichen Herkünften ganz selbstverständlich aufgewachsen und heute natürlich auch befreundet. Dadurch lernen sie nebenbei noch viel mehr über die Kulturen, als es in meiner Generation der Fall war. Die Boomer-Jahrgänge waren geburtenstark und man hatte es viel schwerer als heute, sich hinsichtlich der Ausbildungsmöglichkeiten und im Berufsleben zu etablieren. Weil nun wir Älteren sehr bald in den Ruhestand gehen, bzw. uns zu großen Teilen bereits in diesem befinden, werden noch zusätzliche Chancen eröffnet. Ich wunderte mich kürzlich, als mir ein Student der Soziologie erzählte, dass er nach dem Studium sofort im Controlling einer großen Bank untergekommen sei. Nun ist das Generationenthema normalerweise eher nicht Gegenstand der Netzwerkforschung. Ich wollte es hier dennoch erwähnen, denn es gehört auch zu den Strukturen, die nicht unmittelbar wahrnehmbar sind, und dennoch sind sie von großer Bedeutung für unser Leben.

Je nachdem, wann man geboren wurde, bekommt man unterschiedliche Dinge mit. Je nachdem, wann man aufgewachsen ist, lernt man die Zeitgeschichte nebenbei kennen. Einige meiner Generation (inklusive mir) wundern sich, wenn die Studierenden Franz Josef Strauß auf einem Bild nicht mehr erkennen. So erging es mir gerade, als ich ein solches meinen Lehramtsstudierenden zeigte. Kein einziger der etwa 40 Anwesenden erkannte die abgebildete Person. Allerdings vergessen wir dabei leicht, dass das, was uns Älteren als völlig normal vorkommt, von den heutigen Studierenden aus Büchern oder Dokumentationen explizit gelernt werden müsste.

Das hier Geschilderte steht für so vieles: die Möglichkeit zu reisen, die Technologie, mit der man groß wurde, Sportarten, für die man sich entscheiden konnte. Es steht aber auch für die Befürchtung, dass der Generationenvertrag nicht mehr funktioniert und sich die Rentenversicherung irgendwann überholt hat. Aber wen kümmert in der jungen Generation schon der Ruhestand? Was ich sagen will, es sind nicht nur Zeit und Raum, es ist auch die Generation, der man angehört, die strukturbildend wirkt.

Man wird also mit der Geburt in eine Situation hineingeschmissen, mit der man sich dann arrangieren muss. Vom Datum der Geburt hängt ab, mit wem man in Kontakt kommen kann, und damit auch, welche Erfahrungen möglich sind. Mit den Erfahrungen lernt man.

Ungleichheit zeigt sich im Muster des Netzwerks

Ein typisches Muster, welches in der Netzwerkforschung im Zusammenhang mit Ungleichheit immer wieder auftaucht, ist das sog. Zentrum-Peripherie-Muster (Stegbauer 2001; Stegbauer und Mehler 2020). Man kann sich das folgendermaßen vorstellen: Im Zentrum befinden sich Personen, welche die Peripherie miteinander verbinden. Die Peripherie selbst hat gar keine Möglichkeit, direkt miteinander in Beziehung zu treten. In der Geographie bedeutet das, dass die Peripherie normalerweise mit dem Zentrum verbunden ist. Möchte man von einem Ort in der Peripherie per öffentlichen Verkehrsmitteln oder über eine Autobahn zu einem anderen gelangen, so gelingt das meist nur, wenn man den Weg über das Zentrum nimmt. Eine ähnliche Konstellation findet sich auch im Sozialen, auch dort gibt es Personen, die über sehr viele Kontakte verfügen und dadurch im Zentrum[5] stehen. Personen, die bedeutend weniger Beziehungen haben, treffen in der Kommunikation immer auf jemanden mit vielen Kontakten. Anders ist es gar nicht möglich, aus dem eigenen kleinen Kreis herauszukommen. Feld (1991) erklärt damit das Paradox, dass unsere Freunde immer mehr Freunde als wir selbst haben.

Zentrale Personen verfügen über eine Position, die ihnen mehr Ressourcen zur Verfügung stellt, als dies in einer peripheren Position der Fall ist. Daher wird Zentralität oft mit sozialem Kapital in Verbindung gebracht. Jemand, der eine zentrale Position einnimmt, wäre dann in der Lage, den Fluss von Informationen zu beherrschen. Daher wird die

---

[5] Natürlich bemisst sich die Zentralität nicht nur über die Menge an Kontakten, es kommt auch auf deren Struktur an – und das gilt auch für Zentrum-Peripherie-Strukturen. Grundlegende Zentralitätsmaße sind: die Gradzentralität, bei der es tatsächlich auf die Anzahl der Kontakte ankommt; die Closenesszentralität, bei der Zentralität dadurch definiert ist, dass die anderen Knoten im Durchschnitt nicht weit von jedem anderen Knoten entfernt sind; die Betweenesszentralität, bei der möglichst viele kürzeste Wege in einem Netzwerk über einen Knoten laufen (Freeman 1978).

Zentralität als individuelles Merkmal interpretiert. Das Problem dabei ist jedoch, dass Zentralität immer von der Gesamtkonstellation in einem Netzwerk abhängt. Es ist also eine Eigenschaft, die nicht einer Person gehört, sondern die sich aus der Struktur des gesamten Netzwerks ergibt. Nur zwei Beispiele, um plastischer zu machen, was damit gemeint ist. Der Sozialpsychologe Muzafer Sherif (1956) führte Experimente u. a. in einem Ferienlager für Jugendliche durch. Es wurde zunächst danach gefragt, wer beste Freunde seien. Diejenigen, die jemand anderen in der Gruppe als besten Freund angeben, trennte das Team der Betreuer voneinander und ordnete die beiden unterschiedlichen Gruppen zu. Nachdem die Gruppen einige Aufgaben zu erledigen hatten, bis sich die Gruppen formiert hatten, sollten sie in sportlichen Wettkämpfen gegeneinander antreten. Von den ursprünglich besten Freunden war nicht mehr viel übrig. Die Jugendlichen waren so in ihren jeweiligen Gruppen integriert, dass mitgebrachte Beziehungen keine Rolle mehr spielten. Man kann sagen, dass sich mit der Veränderung des Kontextes auch die Beziehungen und damit die Zentralitäten der Teilnehmenden veränderten. Vielleicht noch eindeutiger ist die Forschung von Trier und Bobrik (2008). Diese beiden untersuchten die nach der Pleite des Konzerns Enron zwangsweise veröffentlichten E-Mail-Daten. Ein Ergebnis war, dass die vor der Pleite zentralen Personen nach dem Ereignis keine Rolle mehr spielten und stattdessen andere Personen in eine zentrale Rolle hineinkamen. Auch hier war die zentrale Position nach der Änderung des Kontextes keinen Pfifferling mehr wert. Damit sollte klar sein, wie problematisch es ist, ein Maß, welches in einem Gesamtnetzwerk ermittelt wurde, als eine Eigenschaft einer Person zu betrachten. In den beiden Beispielen sind es Änderungen der Struktur, welche die Akteure deutlich in ihren Möglichkeiten begrenzen.

Zentrale Personen sind oft sehr beliebt. Das führt dazu, dass ziemlich viele Menschen mit solchen Personen befreundet sein möchten. Zwar finden wir empirisch auch immer wieder eine Ungleichverteilung von Kontakten, beispielsweise, was unterschiedliche sexuelle Kontakte angeht (Liljeros et al. 2001) oder im Internet (Stegbauer 2012a), jedoch bedeuten gegenseitige Beziehungen auch immer einen Aufwand an Pflege. Das trifft weniger auf Followerbeziehungen zu; diese können einseitig sein und müssen nur in einem geringeren Ausmaß einzeln

Annahme 6: Die Struktur von Beziehungen begrenzt uns

gepflegt werden. Diejenigen, die aufgrund der vielen Freunde zu den besonders Beliebten keinen Kontakt herstellen können, geben sich mit Beziehungen zu weniger im Zentrum stehenden Personen zufrieden. Hier sind es wieder Kapazitätsprobleme, welche die Chancen der Personen auf die Herstellung beliebiger Relationen begrenzen und dadurch zur Herausbildung von Beziehungsmustern führen. Da Gruppengrößen (siehe Grundannahme drei zu den Zahlen und den Strukturen) Kapazitätsrestriktionen unterliegen, ergibt sich eine Strukturbildung von selbst. Eine Gruppe, die größer als fünf oder sechs Personen ist, zerfällt daher in kleinere Einheiten. Das gilt ganz und gar, wenn wir es mit typischen Größen zu tun haben, wie Schulklassen oder auch Seminare an den Universitäten.

Man kann also sagen, dass je nachdem, an welcher Stelle man sich in einem Netzwerk befindet, ganz unterschiedliche Ressourcen vorhanden sind. Das gilt beispielsweise dafür, ob man etwas zu Ohren bekommt und mit wem man in Beziehung steht. Beides ist abhängig davon, wen man kennt, der wiederum Verbindungen in andere Bereiche des Netzwerkes herzustellen vermag.

Annahme 7: Unser eigenes Beziehungsarrangement wird von anderen bestimmt

Diese Annahme behandelt auch wieder etwas, was nicht auf der Hand liegt: Andere bestimmen etwas, was doch ziemlich intim ist. Es handelt sich um Dinge, die wir mit unserem jeweiligen Partner oder unserer Partnerin aushandeln. Es geht also darum, wie unser Beziehungsarrangement beschaffen ist. Wenn man sich also mit seiner Frau oder Freundin darüber auseinandersetzt, wer den Müll herunterbringt, wer das Geschirr wegräumt oder wer mit der Autowerkstatt verhandelt, dann sind in diesem Moment keine anderen Personen dabei. Wir streiten und wir lieben uns doch zunächst einmal nur zu zweit. Wie kann es also trotzdem sein, dass andere dabei mitbestimmen? Das ist an dieser Stelle die Frage und sie soll auch gleich beantwortet werden.

Die Antwort findet sich beispielsweise in einer Untersuchung der Ethnologin Elizabeth Bott, die sich aus Kanada stammend, mit Familien in London beschäftigte. Ihre Studie wurde zum Klassiker nicht nur der Netzwerkforschung, vor allem aber in der Familiensoziologie. Sie zeigt uns, wie es funktioniert, dass unser eigenes Beziehungsarrangement von anderen bestimmt wird (Bott 1957). Zwar handelt man tatsächlich die einzelnen Komponenten der häuslichen Arbeitsteilung mit dem Partner oder der Partnerin aus, das Ergebnis ist aber nicht unabhängig von der Struktur der Beziehungen zu Freunden und zu den Familien der beiden Partner.

Wer bestimmt, wer zu Hause putzen muss?

Wenn beispielsweise sich die beiden Partner im engeren Freundeskreis kennenlernten, sie also hauptsächlich über gemeinsame Freunde verfügten, so hatte das Konsequenzen, so jedenfalls Elizabeth Bott. Die Aushandlung der Arbeitsteilung erfolgte nämlich sehr stark entlang der damals gültigen Normen, wonach die Sphären der Tätigkeiten der beiden Partner im Haushalt stark voneinander getrennt waren. Die Freundesgruppe bestimmte also, wer was zu tun hatte.

Wenn sich die Ehepartner nicht unter den Freunden fanden, sondern in jeweils unterschiedlichen Kontexten, spielten die Freunde eine deutlich geringere Rolle bei der Aushandlung der Arbeitsteilung. Eine Folge war, dass die in den 1950ern gültigen Geschlechterklischees deutlich weniger in die Paarbeziehung hineinspielten. Die Normen hatten weniger Macht, weil nicht der gesamte Freundeskreis dahinterstand. Bei diesen Paaren war die Arbeitsteilung im Haushalt deutlich geringer.

Meiner Ansicht nach können wir aus der Forschung der Ethnologin Bott unterschiedliche Lehren ziehen. Zunächst einmal können wir sagen, dass wir selbst dort, wo wir uns mit unseren Freunden oder Partnern streiten, wir das nicht alleine tun. Es kann zwar sein, dass in dem Moment in dem man miteinander Beef hat, sonst keiner der Freunde, der Eltern oder der Kinder anwesend ist; dennoch spielen diese bei der Auseinandersetzung eine große Rolle. Wahrscheinlich trifft es selbst auf die romantische Liebe zu, von der wir ja sagen, sie kann einfach irgendwo hinfallen, dass gesellschaftliche Regeln dabei gelten. Wir wissen ja, dass die romantische Liebe etwas ist, was es noch gar nicht so lange gibt bei der Partnerfindung. Es ist ein Phänomen der Moderne, welches sich durch Erzählungen auf der einen Seite, durch Medien wie Filme aber deutlich mehr durchzusetzen scheint. Die Medien zeigen, wie Liebe aussieht, wie man Hochzeiten romantisch feiert und zum schönsten Tag des Lebens macht. Früher sagte man, dass die „Liebe vergeht, aber Hektar besteht". Der Spruch kommt sicherlich aus einer Zeit, als sich noch mehr Leute mit Einkommen aus agrarischem Erwerb beschäftigt hatten. Heute könnte man die Menge an Ländereien mit der Höhe des Einkommens oder dem Wert des Aktiendepots vergleichen. Berufsprestige und das Stehen in der Öffentlichkeit, sei es als halbseidener Rockstar oder als Politstar, spielen ebenso eine Rolle bei der Partnerwahl. Auch wenn dabei der Bund für die Ewigkeit nicht immer eine Rolle spielt. Abgesehen von der romantischen Liebe gibt es noch zahlreiche weitere Faktoren, welche bestimmen, wer sich zueinander hingezogen fühlt.

Hochzeitsfeiern

Man könnte über das bis jetzt Geschriebene hinaus behaupten, dass sich in den Paarbeziehungen solche Anschauungen, ja regelrecht Verhaltensnormen materialisieren. Der Bräutigam in spe geht für einen Heiratsantrag auf die Knie oder welche Geschichte kennen Sie dazu, liebe Leserinnen und Leser? Ohne Jungesell*innenabschied keine Hochzeit. Am besten feiert man in einem Schloss oder jedenfalls in einem sehr guten Hotelrestaurant. Immer sind Verhaltensregeln dabei und das gilt selbst dann, wenn wir diese nicht direkt wahrnehmen können, weil diese uns ganz normal und natürlich vorkommen. Das alles entscheidet das Paar. Aber die Entscheidung ist auch abhängig davon, was das Paar so im Netzwerkumkreis erlebt. Ist man selbst öfters für Abschiede von dem noch ehelosen Zustand eingeladen? Bei wem ist man selbst Gast auf Hochzeiten? Wie feiern die anderen im sozialen Umkreis, im Dorf, der Kleinstadt oder der Großstadt? Welche Ansprüche haben Eltern und Schwiegereltern in spe daran, wie eine Hochzeit gefeiert werden sollte? Diese Fragen habe ich an dieser Stelle des Buches gesammelt, um an einem anderen Beispiel als der häuslichen Arbeitsteilung aufzuzeigen, wie sehr die Erwartungen der anderen unsere Entscheidungen beeinflussen. Mehr noch spielt eine Rolle, wie man sich vorstellt, was die anderen erwarten. Es geht also um die Erwartungserwartungen, die einen zumindest ebenfalls steuern. Diese Erwartungserwartungen zu befriedigen ist am Beispiel der Heirat aber nicht nur eine Sache des Paares, an der Aushandlung dessen, wie man am besten damit umgeht, sind also auch die Eltern, die Schwiegereltern aber sicherlich auch die Geschwister und die Freunde beteiligt. Ich habe vor einiger Zeit einmal etwas über eine Beobachtung einer goldenen Hochzeit in einem Dorf geschrieben (Stegbauer 2012c). Als ich zu der Zeit, während der ich mich damit beschäftigte, gefragt wurde, woran ich arbeite, berichteten mir ziemlich viele Leute von den Problemen bei ihrer eigenen Hochzeit. Diese traten beispielsweise auf, weil die Frau aus einer anderen Gegend in Deutschland stammte wie der Mann. Die Vorstellungen der Eltern und Schwiegereltern waren kaum zusammenzubringen. Sie stritten und verhandelten, wie die Hochzeit abzulaufen habe. Die Geschichten, die mir damals erzählt wurden, hinterließen bei mir den Eindruck, als sei es viel weniger das Fest der Brautleute als das der Familien. Diese müssen ja häufig auch für das Fest aufkommen, von dem wir sicher wissen, dass dieses meist nicht billig ist.

Selbst zu zweit sind wir nicht allein

Eine weitere Lehre aus Botts Untersuchung hängt damit zusammen, dass wir vorsichtig sein müssen, wenn wir isolierte Teile eines größeren Ganzen analysieren. Wir sehen, dass es nicht ausreicht, nur auf eine isolierte Beziehung zu schauen, man muss genauso wie beim Einzelnen auch die Einbettung von Beziehungen in den Betrachtungen mitberücksichtigen. Auch hier stellt sich die soziale Wirklichkeit hinter unserem Rücken her, auch wenn wir die Erklärung für die Analyse verstehen können, so gilt das doch kaum im Moment, in dem wir uns streiten, und das gilt auch für die Gelegenheiten, in denen wir uns im Konsens miteinander arrangieren. Dies geschieht in Aushandlungen untereinander. Hierbei sind in der Regel nicht der Beziehungskontext und der Einzelne oder der Kontext und das Paar anwesend, sondern die beiden Partner sind miteinander allein. Nur sie erleben die Situation und nur diese können danach Auskunft geben. Sie nach den Bedingungen des Kontextes zu fragen, hätte wenig Sinn. Sie würden nur Dinge über den jeweiligen Partner sagen. Und dennoch ist die Einbettung in die jeweiligen Kreise mit deren Anschauungen immer (mit-)präsent und damit auch entscheidend dafür, wie die Aushandlung verläuft und wie das Ergebnis ausschaut.

Auch wenn es nicht in allen Folgeuntersuchungen vollständig gelungen ist[1], die Untersuchung von Bott durch weitergehende Forschungen zu bestätigen, weist ihre Forschung doch den Weg zu einem erweiterten Netzwerkdenken. Man muss wissen, dass Bott qualitativ arbeitete und dadurch nur relativ wenige Fälle in ihrer Untersuchung berücksichtigen konnte. Wir lernen somit an ihrer Forschung, dass es praktisch keine isolierten Beziehungen gibt. Wenn wir also, wie ich auch hier in der dritten Grundannahme zu den Mikrokonstellationen mit zwei, drei oder mehr Personen argumentiere, dann ist diese Betrachtung eigentlich zu kurz greifend. Eigentlich müssen solche Forschungen immer unter Berücksichtigung eines erweiterten Kontextes geschehen (auch dann, wenn beispielsweise aus forschungsökonomischen Gründen eine Erweiterung des Untersuchungsfeldes nicht möglich ist). Direkter als im geschilderten Fall greifen andere in Beziehungen ein, wenn sie den Eindruck haben, dass etwas schiefläuft. Das kann dann der Fall sein, wenn sich die Impression herausbildet, dass die eine Person die andere ausnutzt und damit die soziale Regel der Reziprozität verletzt wird (Stegbauer 2010).

In der vorhergehenden Grundannahme wurde bereits über Heiratsverbote oder -gebote nachgedacht. Für diejenigen, die nicht heiraten: Solche unausgesprochenen Regeln gelten ja nicht nur für die Ehe oder für die Hochzeit, dem Fest zur Eheschließung. Nicht viel anders ist es natürlich auch bei nichtehelichen Partnerschaften und es spielt dabei keine Rolle, mit welcher sexuellen Orientierung sich die Partner finden. In Beziehungsverboten (oder nennen wir es vielleicht besser Beziehungsvorbehalten) kommen Einflussnahmen natürlich auch vor, etwa wenn den Eltern der Partner nicht gefällt. Es kann dann argumentiert werden, dass diese Person nicht zum Sohn oder zur Tochter passe. Dabei wird wahrscheinlich eher gemeint sein, dass die Person nicht zu den Eltern passt. Das Sprengpotenzial, was in solchen Konflikten steckt,

---

[1] Hierbei mögen die Wandlungen der Normen, was die Arbeitsteilung innerhalb von Beziehungen angeht, eine Rolle spielen. Die klassische Aufteilung im Haushalt löst heute bei Beobachtern eher Befremden aus und ist eher bei älteren Personen zu finden. Sicherlich sind bei dem Wandel und dabei, wie dieser Wandel beständig wurde, auch die Freunde von Bedeutung, die immer noch wie schon vor einigen Generationen in die Beziehungen hineinreden können.

bedroht tatsächlich die Partnerschaft. Es kann nämlich sein, dass darüber die Beziehung zwischen Eltern und Kindern leidet. Bekommen nun die Kinder selbst Nachwuchs, sind sie häufig auf die Großeltern angewiesen. So wie die Gesellschaft organisiert ist, sind diese dafür von Bedeutung, um ihren erwachsenen Kindern bei der Betreuung des eigenen Nachwuchses zur Seite zu stehen. Ganz ohne auf den Einfluss Außenstehender auf das paarinterne Arrangement einzugehen, wird an dieser Stelle sichtbar, dass die Überlebensdauer von solchen von den anderen nichtgebilligten Beziehungen, die sich nicht in eine weitere Beziehungsökologie einbetten können, stark gefährdet ist.

Annahme 8: Was man über das Netzwerk weiß, ist entscheidend für das Verhalten: Kognitive Sozialstruktur

Die kognitive Sozialstruktur (Cognitive Social Structure) (Stegbauer 2012b), wie es die Forschung nennt, erwächst aus dem, was die Menschen an Beziehungen um sie herum beobachten, wie sie diese Beobachtung interpretieren und was sie aus Erzählungen der sie umgebenden Menschen über die Beziehungen wissen. Es handelt sich also nicht um die direkten Beziehungen bzw. den Teil, den wir davon im Sinn haben. Das ist es noch nicht allein, hierzu gehört auch das Wissen über die Beziehungen der anderen, also die Beziehungen unserer Beziehungen. Mehr noch, wir rechnen auch noch die Relationen von Menschen zu denen wir keine direkten oder allenfalls superschwache Beziehungen haben, also solche von Fremden, die wir aber beobachten können, hinzu. Das bedeutet, dass nur diejenigen Beziehungen, die wir wahrnehmen können, unser bewusstes Verhalten beeinflussen. Mit dem Begriff des „bewussten" Verhaltens grenze ich mich in dieser Annahme von den Beziehungswirkungen ab, die hinter unserem Rücken stattfinden und deswegen nicht „bewusst" unser Verhalten beeinflussen können.

In der hier betrachteten Annahme zu den kognitiven Strukturen geht es beispielsweise darum, wem man was sagt oder mit wem man umgeht.

So verkehrt man eher nicht mit Freunden von Personen, die man nicht leiden kann (was sich auch durch die Theorie der strukturellen Balancierung erklären lässt). Eine solche Entscheidung trifft man aber nicht nur selbst, sondern man ist von den Urteilen und Vorurteilen der anderen abhängig, die solche Urteile ebenfalls aufgrund ihrer Annahmen über die Beziehungen von uns fällen. Wird man beispielsweise einem bestimmten Freundes- oder Kollegenkreis zugerechnet, dann liegt es gar nicht in der Hand von einem selbst, ob man über diesen Kreis hinaus eine Freundschaft schließt oder nicht. Man wird einem Lager zugerechnet und damit möglicherweise von den Sympathien derjenigen in einer anderen Gruppierung ausgeschlossen. Das geschieht lediglich dadurch, dass die anderen denken, man selbst stünde auf eine bestimmte Art mit den von diesen nicht gemochten Personen in Verbindung.

Woher wissen wir, wer mit wem in Beziehung steht?

Woher wissen wir aber, wer mit wem in Beziehung steht? Zum einen beobachten wir das. Diese beiden hängen immer zusammen herum und jene bilden eine Clique, die sich immer an einem bestimmten Ort trifft (Freeman und Webster 1994). Im Beispiel von Freeman und Webster geht es um die Beobachtung von Surfergruppen an einem Strand in Kalifornien. Diejenigen, die immer wieder an einem Strandabschnitt zusammen gesehen wurden, betrachteten die Beobachter als zusammengehörig.

Zum anderen erfahren wir etwas über die Beziehungen der Personen um uns herum, wenn wir uns mit Freunden und Bekannten unterhalten. Dann wird getratscht und sich insbesondere über die Verfehlungen der gemeinsamen Bekannten ausgetauscht. Ein besonders beliebtes Gesprächsthema ist die Verletzung von Normen, also wenn sich andere nicht im Bereich der Erwartungen benommen haben. Auch Affären oder Vermutungen darüber sind öfters Gegenstände von Geschichten, die einander erzählt werden. Gespräche dieser Art sind wichtig, weil sie uns helfen, die unsere soziale Umwelt und uns selbst darin verorten zu können. Sie sind auch bedeutend, weil in ihnen die Zulässigkeit bzw. die Übertretungen von anerkanntem Verhalten ausgehandelt werden. In dem hier behandelten Zusammenhang geht es aber darum, durch solche Geschichten eben auch etwas über die Beziehungen der anderen zu erfahren.

Wir wissen allerdings auch um die Freunde meiner Freunde. Wir bekommen also erzählt, was die Freunde und Bekannten meiner Freunde so tun. Die Regel der transitiven Schließung sollte nun dazu führen, dass ich auch die Freunde meiner Freunde irgendwann einmal kennenlerne und so zu diesen ebenfalls Kontakt aufnehme. Allerdings ist das nicht immer der Fall, zumindest dann nicht, wenn sich die Freunde meiner Freunde in anderen Kontexten bewegen, sie also zu anderen sozialen Kreisen gehören. Unter diesen Umständen kommen wir vielleicht nie persönlich miteinander in Kontakt, aber wir wissen voneinander und das betrifft evtl. auch deren Beziehungen.

Wie können wir uns die vielen Beziehungen merken?

Mit steigender Anzahl an Personen im Netzwerk wächst die Möglichkeit, Beziehungen untereinander einzugehen, quadratisch. Eingebettet sein in eine Sozialität bedeutet auch, etwas über diese nicht eigenen Beziehungen zu wissen. Man hat ja bereits Probleme damit, sich alle einzelnen Personen zu merken, die Beziehungen zwischen solchen einzelnen Personen parat zu haben, übersteigert die menschliche kognitive Kapazität (Dunbar 1993, siehe auch die Grundannahme drei zu den Regeln der Strukturierung bei ansteigender Größe der Sozialität).

Bei der Orientierung innerhalb des sozialen Raumes hilft uns dann zum Glück, dass wir uns an bestimmten Mustern orientieren können. Dadurch wird es erst möglich, eine Vielzahl von Beziehungen im Gedächtnis zu behalten: Wer mit wem zusammen abhängt oder zur selben Clique gehört, ist dabei eine wichtige Information. Es handelt sich um eine Vereinfachung der Wahrnehmung. Das Gedächtnis ist entlastet, wenn wir allen Angehörigen einer beobachteten Gruppe positive gegenseitige Beziehungen unterstellen. Innerhalb der bereits genannten Theorie struktureller Balancierung bezeichnet man das als: Der Freund deines Freundes ist dein Freund. Diese Vereinfachung ist zwar hilfreich, die soziale Struktur um einen herum kognitiv verwalten zu können, sie führt aber auch zu typischen Fehlern (Stegbauer und Rausch 2006; Stegbauer 2012b). Zu diesen Fehlern gehört das Hinzuimaginieren von Beziehungen, die es in der beobachteten Konstellation gar nicht gibt, oder das Übersehen von Beziehungen, wo diese nicht zu solch typischen Gruppenbeobachtungen passen. Im Großen und Ganzen dürften aber die Vorteile solcher Merkregeln die Nachteile der falschen Beziehungszuordnung überwiegen. Die Anstrengung, sich alle Relationen aller Personen einzeln merken zu müssen, wäre einfach zu groß. Man kann theoretisch herleiten, wieso die Gruppenmitglieder alle positiv untereinander verbunden sein sollten. Die Regeln hierzu lauten Transitivität und strukturelle Balancierung. Was beide Grundregeln bedeuten, wurde oben bereits erwähnt.

Hinzu kommt, dass Gruppen gegenüber einzelnen Beziehungen ebenfalls über emergente Eigenschaften verfügen. Ein Beispiel dafür könnte man von der strukturellen Äquivalenz ableiten, die in der netzwerkanalytischen Methode der Blockmodellanalyse eine Rolle spielt. Dort werden diejenigen Teilnehmer als strukturell äquivalent betrachtet, die dieselben (bzw. ähnliche) Beziehungen untereinander und zu den anderen Personen im Netzwerk unterhalten. Dieses Verfahren, was die Personen aufgrund dieser Ähnlichkeiten zu Clustern (den Blöcken) zusammenfasst, geht aufgrund der Äquivalenzannahme davon aus, dass die Teilnehmer austauschbar sind. Das heißt, alle, die sich nach der Analyse in einem Block befinden, werden als gleich angesehen, zumindest in der Hinsicht, was ihr Beziehungsmuster angeht. Dieses Verfahren funktioniert also ganz ähnlich wie die Annahmen, die wir im Alltag über Gruppen treffen, die wir beobachten, wenn diese sich an einem bestimmten Treffpunkt versammeln. Alle in einem Block haben aber nicht nur dieselbe Beziehung zu allen anderen im Block, auch ist die Beziehung aller Mitglieder eines Blocks zu anderen Blöcken gleich, so jedenfalls die Annahme, die im Modell steckt. Nehmen wir einmal an, dass das Modell etwas mit der Wirklichkeit zu tun hat, dann erklärt es auch, warum eine Person mit allen anderen gleichgesetzt wird, wenn man einige derjenigen, die einem Block zugeordnet wurden, nicht leiden mag. Warum das problematisch sein kann, habe ich ein paar Absätze zuvor geschildert.

Wo endet der soziale Horizont?

Eine andere Frage ist, wie weit eigentlich eine Person über die Beziehungen ihrer Beziehungen usw. blicken kann (Friedkin 1983). Wie weit bedeutet, über wie viele Glieder einer Beziehungskette wir schauen können. So wissen wir etwas über die Beziehungen von denjenigen, mit denen wir selbst in einer Beziehung stehen. Das erfahren wir, wenn diese darüber erzählen, was sie mit wem zusammen erlebt haben. Manchmal sind diese Beziehungen auch direkt Thema in Gesprächen. Darüber hinaus nimmt die Sichtbarkeit ab und beschränkt sich auf das Wissen über wenige prominente Kontakte. Das heißt allerdings nicht, dass nicht Informationen über solche mehrstufigen Beziehungskanäle fließen können, wobei der Einzelne nicht in der Lage ist, die Gesamtheit der Informationskanäle wahrzunehmen. Ein schönes Beispiel dafür ist der von Malinowski (1984, zuerst 1922) beobachtete Kula-Ring auf den Trobriandinseln. Malinowski schildert, dass in einem Archipel in der Nähe von Papua-Neuguinea die Männer Freundschaften mit Leuten von benachbarten Inseln unterhielten. Die Freundschaften wurden durch Tauschrituale begründet und befestigt. Dabei gab es feste Regeln dafür, was getauscht werden durfte. Wenn man beispielsweise nach Norden fuhr, so gab man dem Freund einen Armreif aus Muscheln. Später bekam man dafür von derselben Person ebenfalls ein Schmuckstück, eine Muschelhalskette. Da der Schmuck als wertvoll erachtet wurde, war es möglich, die Stücke anhand ihrer besonderen Merkmale wiederzuerkennen. Die Bewohner der Inseln konnten es sich nicht erklären, auf welche Weise die von ihnen nach Norden getauschten Halsketten und Armreife nach etlichen Jahren wieder aus einer anderen Himmelsrichtung bei ihnen auftauchten. Der Ethnologe Malinowski hingegen nahm für sich in Anspruch, diesen Tauschzirkel zwischen den Inseln aufgeklärt zu haben. Er wusste damit etwas über die weiterreichenden Beziehungen der Inselbewohner, die diese selbst nicht übersehen konnten. Für die Bewohner des Archipels handelte es sich nach Malinowski um eine für diese unverständliche und daher mystisch aufgeladene Tatsache[1].

So klein ist die Welt

Diese Überlegungen leiten über zu den Ideen des Kleine-Welt-Phänomens, denen ich hier aber kein eigenes Kapitel widmen möchte, obgleich dies in der Netzwerkforschung sehr weit diskutiert wird. Tatsächlich handelt es sich um sehr wichtige Ideen in diesem Kontext. Die unter dem Stichwort der kleinen Welt benannten Gedanken knüpfen u. a. an den von Milgram (1967) begonnenen Experimenten zu diesem Thema an. Man muss wissen: Es handelt sich dabei nicht um seine Experimente zum Gehorsam gegenüber Autoritäten[2], die in einem anderen Kontext vielleicht sogar noch berühmter geworden sind. Zunächst ging es im Kleine-Welt-Experiment darum, dass Personen aus dem mittleren Westen eine andere Person vermittelt über Bekannte erreichen sollten. Diese Leute sollte man wenigstens auf Vornamenbasis kennen und ihre Adresse musste man natürlich auch wissen. Indem jede Person, die den Brief oder die Mappe erhielt diese an eine weitere Person weitergab, kam man, so die Idee, der Zielperson immer näher. Tatsächlich wurde die Zielperson auch erreicht. Zumindest gelang das einigen der Versuchsteilnehmer. Insgesamt war der Erfolg jedoch recht dürftig. Die wenigen Briefe, die beim ersten Experiment ankamen, wurden über etwa sechs verschiedene Schritte weitergegeben. Hieraus entwickelte sich die Idee, alle Menschen auf der Welt seien nur sechs Grade voneinander entfernt. Bei dieser Art von Experimenten traten Probleme auf. So kamen zunächst nur sehr wenige der versendeten Briefe an und es zeigte sich auch, dass, wenn die Zielperson sich in einer von

---

[1] Siehe auch Stegbauer (2012b).
[2] Milgram ist neben dem hier diskutierten Thema vor allem für sein Experiment zum Gehorsam gegenüber Autoritäten bekannt geworden (Milgram 1963, 1982).

der Ausgangsgruppe segregierten gesellschaftlichen Gruppe befand, es schwierig war, diese zu erreichen. Das gilt zum Beispiel in den USA für Briefe zwischen schwarzen und weißen Bevölkerungsteilen (Kleinfeld 2002).

Die durchschnittliche Anzahl der notwendigen Schritte kommt einem mit etwa sechs sehr wenig vor, wenn wir bedenken, dass wir auch schon etwas über die Freunde der Freunde wissen. So sind uns ein paar Beziehungen über zwei, teilweise auch drei Schritte bereits bekannt. Genauere Informationen zu den Forschungen auf diesem Gebiet finden sich bei Kleinfeld (2002) und Schnettler (2009). Zu diesem Forschungsfeld wurden Modelle entwickelt, insbesondere Watts (2003) hat sich dabei hervorgetan. Er überlegte sich ein Modell, mit dessen Hilfe es möglich ist, die als relativ kurz erachteten Wege zwischen allen Menschen auf der Welt zu erklären. Er kombinierte zwei unterschiedliche Netzwerkmodelle: Zunächst ging er von einem Modell aus, welches zufällige Verbindungen erzeugt (Erdős und Rényi 1959). Eine solche Modellierung ist typisch für das Denken von Mathematikern. Wenn man zufällige Verteilungen von Kanten in einem Netzwerk herstellt, dann kann man empirisch vorgefundene Strukturen daran messen. Systematische Abweichungen von Zufallsverteilungen sprechen dann dafür, dass den Verbindungen eine Regelhaftigkeit unterliegt. Im Prinzip funktionieren alle statistischen Tests auf eine solche Weise. Nun wissen wir, dass Beziehungen meist nicht zufällig entstehen, sondern dass deren Etablierung bestimmten Regeln unterliegt. Daran orientiert sich das zweite von Watts eingeführte Modell. Grob gesagt, wendet er darin die Regel an, dass wir alle unsere Nachbarn (oder zumindest einige davon) kennen. Auch das trifft in dieser Form, besonders für Städte, nicht immer zu. Dennoch ist es eine Näherung an die Wirklichkeit, wenn wir beispielsweise an die Bedingung der Möglichkeit, miteinander in Kontakt zu kommen, also die Strukturation denken. Ein solches Modell könnte man sich als Nachbarschaftsmodell vorstellen.

Im Nachbarschaftsmodell würde es sehr lange dauern, bis Menschen, die weit entfernt sind, erreicht werden könnten. Man könnte ja immer nur die Nachbarn und evtl. auch noch deren Nachbarn erreichen. Durch die Kombination einiger zufälliger Verbindungen mit dem Nachbarschaftsmodell kann man diese langen Ketten aber deutlich abkürzen. Dadurch lässt sich erklären, warum die Wege so kurz sind. Inwiefern haben aber hier zufällige Verbindungen etwas mit der Wirklichkeit zu tun? Nun, Watts erlebte das am eigenen Leib. Er stammt aus Australien und lebt in den USA. Er ist also in der Lage, Verbindungen zwischen Amerika und Down Under herzustellen. In ähnlicher Weise können wir uns das auch mit unseren Kolleginnen und Kollegen vorstellen, deren Großeltern, Eltern oder gar sie selbst schon bei uns eingewandert sind. Auch sie sind Verbindungsglieder in ihre Herkunftsgesellschaften. Damit verkürzen sich diese potenziellen Ketten, die in andere Länder führen. Dadurch, dass unsere Gesellschaft eine Einwanderungsgesellschaft ist, rückt der Rest der Welt also ein deutliches Stück näher an uns heran. Die Wege vermittelt über Beziehungen verkürzen sich also. Interessanterweise liegen diese in vielen weiterreichenden Netzwerken immer um einen ähnlichen kleinen Wert, nämlich nahe dem Durchschnitt von sechs Schritten. Das weist darauf hin, dass wir uns in einer ziemlich kleinen Welt befinden.

Eigentlich müsste man an dieser Stelle auch noch einmal etwas über „Zufall" der Mathematiker sagen. Hierzu wurde ja bereits einiges im Buch geäußert. Die von Erdős und Rényi (1959) eingeführten Zufallsverbindungen sind ja definitionsgemäß wirklich rein zufällig. Aber das Beispiel von Watts ist es definitiv nicht. Es handelt sich vielleicht um einen Zufall aus der Perspektive des Erlebens, wenn man irgendwo im Ausland jemanden trifft, mit dem man einen gemeinsamen Bekannten hat; allerdings ist es sicherlich kein Zufall, dass Watts beispielsweise in die USA zum Forschen gegangen ist. Das gilt auch für Einwanderungsgesellschaften wie Deutschland. Diejenigen, auf die wir hier treffen, die Beziehungen über die Grenzen hinweg haben, besitzen diese Kontakte ja nicht zufällig. Sie folgen den Migrationswellen, die durch verschiedene Umstände der Weltgeschichte ausgelöst wurden. So kamen Menschen nach dem Krieg als Vertriebene oder Flüchtlinge aus Polen oder Tschechien, später wurden Arbeitskräfte angeworben. Andere flohen vor Kriegen oder der Verfolgung in ihren Herkunftsländern. Heute gibt es einen Austausch über wirtschaftliche Beziehungen zu anderen EU-Ländern. Die Chance, eine Zielperson zu finden, ist also nicht zufällig verteilt, sondern diese ist abhängig von politischen Initiativen oder Krisen in der Welt. All das wird ausgeblendet in der Übertragung auf das allgemeine Modell von Watts. Das muss so geschehen, weil ein Einbeziehen der tatsächlichen Ursachen für die Migration das Modell zu komplex werden ließe. Man müsste vielmehr über Dinge wie Ungleichheit nachdenken. Letzteres allerdings ist auch wieder ein Hinweis darauf, dass sich nicht jede Person in der gleichen Entfernung befindet.

Was das bedeutet, ist eine Frage, die mich selbst umtreibt: Sind die Wege wirklich so kurz? Machen wir doch kurz ein Gedankenexperiment und setzen dieses den Überlegungen der Mathematiker entgegen. Wie viele Leute kennen wir denn so? Wie viele könnten wir im Falle der Teilnahme an so einem Experiment erreichen? Wir müssen die Leute gut genug kennen und wir müssen ihre Adresse wissen oder doch leicht herausbekommen. Wenn ich in Seminaren die Studierenden danach frage, wie viele Leute diese kennen, bekomme ich immer sehr viele unterschiedliche Zahlen genannt. Eine Studentin sagt 200, der nächste 500. Danach getraut sich kein anderer, eine Zahl zu nennen, die wesentlich kleiner ist. Wichtig wäre auch, dass wir die sich überschneidenden Bekanntschaften abziehen. Betrachten wir die engen Freunde, so sind viele dabei, die man gemeinsam kennt. Mit schwächeren Beziehungen ist der Anteil gemeinsamer Bekannte geringer. Irgendwann bin ich einmal darauf gekommen, die ganze Sache nachzurechnen. Ich habe das mit der Zahl 27 getan. Wie ich auf diese Zahl gekommen bin? Ich weiß es nicht mehr so genau, aber es gab einen Grund, den ich mir aber nicht aufgeschrieben habe. Wenn wir nun also davon ausgehen, dass im Durchschnitt jeder nur 27 sich nicht überschneidende Beziehungen zu jeder seiner Beziehungen hat, erreicht man zwischen 6 und 7 Schritten eine Zahl an Kontakten, welche die gesamte Weltbevölkerung übersteigt. Das ist etwas, was wir uns als Menschen mit unserem an der Fingeranzahl orientierten Dezimalsystem ebenfalls nur schwer vorstellen können. Die Ketten erscheinen uns sehr kurz, zumal wir, wie bereits gesagt, manchmal sogar etwas über die Freunde der Freunde der Freunde erfahren, also an manchen Stellen schon mal drei der sechs Schritte übersehen können. Diese drei Schritte kommen uns so vor, als hätten wir die Hälfte schon im Blick.

Rechnen wir aber einmal mit den Zahlen nach:

1. Schritt = 27
2. Schritt 27 * 27 = 729
3. Schritt 27 * 27 * 27 = 19.683
4. Schritt 27 * 27 * 27 * 27 = 531.441
5. Schritt 27 * 27 * 27 * 27 * 27 = 14.348.907
6. Schritt 27 * 27 * 27 * 27 * 27 *27 = 387.420.489
7. Schritt 27 * 27 * 27 * 27 * 27 *27 *27 = 10.460.353.203

Mit sieben Schritten würden wir bereits weit mehr Personen als die gesamte Weltbevölkerung erreichen können. Die Steigerung zwischen dem sechsten und siebten Schritt ist so groß, dass sie praktisch alle Berechnungen umschließt. Das ist auch der Grund, wieso fast alle erfolgreichen Experimente und Kalkulationen dazu auf ungefähr dasselbe Ergebnis kommen: irgendwas mit sechs und einigen Nachkommastellen. Leider wird es bei so einer Angabe sehr ungenau, denn die Angabe bewegt sich zwischen der halben Einwohnerzahl von Europa und mehr Leuten, als auf der gesamten Welt wohnen. Der „kleine" Unterschied zeigt nur, wie wenig wir solche Berechnungen kognitiv im Griff haben.

Das dahinterliegende Problem spricht jedoch genau dies an: unsere kognitive Beschränktheit. Potenzen, mit denen man hier rechnen muss, sind schwer mithilfe unseres Alltagsdenkens durchschaubar und nicht ohne mathematische Abstraktion verstehbar.

Wenn die Organisation wüsste, was die Organisation weiß

Warum ist es eigentlich sinnvoll, diese Überlegungen zur Reichweite des Wissens von Beziehungen mit denen zur kleinen Welt hier in einer Annahme zu verbinden? Nun ja, die Überlegungen zur kleinen Welt machen etwas mit uns, die anderen Menschen scheinen uns viel näher zu kommen, wenn wir den Eindruck haben, dass wir nicht weit von diesen entfernt sind. Granovetter (1982) überlegte sogar, ob diese Tatsache uns dabei unterstützt, die Entfremdung in der Moderne[3] zu überwinden. Eine Zeitlang war es sehr populär, sich über solche Dinge Gedanken zu machen (Stegbauer 2008), und tatsächlich es hat einen Appeal (so wurde sogar ein Theaterstück dazu veröffentlicht, welches später auch verfilmt wurde, Guare 2010).

Neben diesem populären Nachdenken kann man sich aber auch richtig seriöse Anwendungen vorstellen. Das Wissen um die Beziehungen der anderen steht ja nicht für sich alleine. Wir wissen ja Einiges über diejenigen, von denen uns berichtet wird. Wir wissen von deren Verfehlungen, bekommen aber auch erzählt, wenn sie prominente Persönlichkeiten kennen. Zum Teil erfahren wir auch etwas über deren Kompetenzen. Wenn man eine Ärztin oder einen Handwerker braucht, fragt man im Bekanntenkreis. Vielleicht bekommt man eine Empfehlung. M.a.W., wir erfahren auch etwas über das Fachwissen, welches die anderen besitzen.

Übertragen wir das einmal auf Organisationen, dann wird klar, dass dieser ganze Bereich der kognitiven Sozialstruktur dort enorm wichtig sein kann. Stellen wir uns vor, es wird ein Projekt angestoßen. Es soll etwas Neues entwickelt werden, eine Maschine etwa oder eine neue Form der Zusammenarbeit im Büro. Dann sollte man diejenigen zurate ziehen, die sich mit der Organisation eines solchen Projekts auskennen. Man stellt Arbeitsgruppen zusammen, in denen man auf Experten auf den Gebieten, die zum Gelingen notwendig sind, zurückgreift. Wenn wir einmal überlegen, über wie viel Wissen die Mitarbeiter insbesondere in großen Unternehmen verfügen, ist ein Großteil des Wissens für das Projekt eigentlich schon da. Was aber fehlt, ist das Wissen darüber, wer alles die benötigte Expertise aufweisen kann. Wie kommt man also an die richtigen Personen heran? Wenn sich diese Aufgabe darüber lösen ließe, wie ich herausbekomme, dass ich jemanden erreiche, der etwas Bestimmtes weiß, wäre das aus der Perspektive der Organisation sehr

---

[3] Tatsächlich tat er das im ersten Entwurf zum Aufsatz zur Stärke schwacher Beziehungen, der ja bekanntlich 1973 veröffentlicht wurde. Den ersten Entwurf wollte die Zeitschrift aber so nicht veröffentlichen.

sinnvoll[4]. Es gibt auch Versuche in Unternehmen, dieses Problem zu lösen. So haben Organisationen Listen, in denen sich die Mitglieder mit ihren Expertisen eintragen können. An unserer Universität gibt es so etwas auch. Es wird aber nach meinem Eindruck eher für Presseanfragen verwendet. Eine andere Möglichkeit, die aber in Deutschland wegen Datenschutzauflagen nicht anwendbar ist, sind automatische Analysen der gespeicherten Arbeiten, etwa der E-Mails. Wenn man also auf diese Weise nebenbei herausbekäme, wer was weiß, dann würden solche Datenbanken für die Lösung des genannten Problems hilfreich sein.

---

[4] Diesen Aspekt verdanke ich dem persönlichen Austausch mit Stefan Klingelhöfer, der solche Fragestellungen aus seiner früheren Praxis als Manager in einem sehr großen Unternehmen kennt.

Annahme 9: Die Struktur von Beziehungen erklärt das Verhalten und die Einstellungen der Menschen

Diese Annahme besagt, dass man aufgrund der Beziehungen, in denen ein Mensch steckt, erklären kann, wie er sich verhält[1]. Bekannt geworden sind Untersuchungen, die sich mit Verhaltensweisen beschäftigen, die körperlich schädlich sind, wie das Rauchen oder die Tatsache, dass Menschen an Übergewichtigkeit leiden. Etwas anderes, was aber auch mit der Befindlichkeit zu tun hat, wurde von denselben beiden Forschern ebenfalls untersucht. Dabei handelt es sich darum, ob Menschen glücklich sind (Christakis und Fowler 2007, 2008). Offenbar ist auch das ansteckend. Wir selbst haben untersucht, dass das auf Konsumgewohnheiten und Präferenzen (Stegbauer und Rausch 2014; Stegbauer 2016, 2023) beispielsweise für bestimmte Waren ebenso zutrifft: All das ist abhängig von den Relationen der Menschen.

---

[1] Dabei handelt es sich nicht um einen deterministischen Zusammenhang.

© Der/die Autor(en), exklusiv lizenziert an Springer Fachmedien Wiesbaden GmbH, ein Teil von Springer Nature 2024
C. Stegbauer, *Die zwölf Grundannahmen der Netzwerkforschung*,
https://doi.org/10.1007/978-3-658-44600-0_10

Die Teller im Restaurant ablecken

Wenn das so ist, dann deutet das darauf hin, dass Verhaltensweisen durch Beziehungen weitergegeben werden. Natürlich gilt das auch umgekehrt: Wenn sich jemand aus der Perspektive einer Gruppe oder eines sozialen Kreises völlig danebenbenimmt, dürfte es schwerfallen, mit dieser Person eine Beziehung aufzubauen. In diesem Fall divergieren die verschiedenen Alltagskulturen, sie passen einfach nicht zusammen. Da lässt sich die Beziehung und so auch die damit einhergehende Angleichung im Verhalten nicht einmal mehr individuell von Person zu Person aushandeln. Eine Person, die sich nicht an die üblichen Verhaltensgewohnheiten hält, wird von den anderen im selben Kreis nur schwerlich akzeptiert werden können. Ein Beispiel? Obgleich es in sehr guten Restaurants es gar nicht so leicht ist, sich so zu verhalten, dass man nicht geduldet wird, kann man sich dennoch auch danebenbenehmen[2]. So ist es in einem besternten Restaurant nicht unbedingt ein Problem, mit dem Finger den Rest der Soße vom Teller zu schlecken, allerdings sollte man aber lieber nicht den ganzen Teller in die Hände nehmen und mit der Zunge ablecken. Vielleicht würde dieses Verhalten augenzwinkernd sogar als ein Kompliment aufgefasst werden können, aber es ist unüblich, das zu tun. Wenn leere Teller zurück in die Küche gehen, so ist das doch ein gutes Zeichen für die Leistung der Köche. Schlimmer als das händische Stippen ist es, die anderen Gäste zu stören, indem man sich überlaut unterhält. Noch weniger gern gesehen ist es, wenn man dem Personal oder den Inhabern gegenüber nicht mit einem gewissen Respekt beggenet. Gut möglich, dass man dann ermahnt oder sogar hinauskomplimentiert wird. Falsches Benehmen kommt aber so häufig vor, dass der Platz keinesfalls ausreicht, all dies hier zu benennen (so Moissonnier im Interview)[3]. Gleichwohl gibt es auch Überlegungen

---

[2] Interview mit dem Spitzengastronomen Vincent Moissonnier über Prolls im Restaurant: Frankfurter Allgemeine Sonntagszeitung, 15.10.2023, Nr. 41, S. 15.
[3] Siehe vorhergehende Fußnote.

(Mische und White 1998), die insbesondere dem Fehlverhalten etwas abgewinnen können. Zu Hause kann man es sich als Kind ruhig angewöhnen, den Teller mit der Zunge abzuschlecken. Das wird niemanden schocken (außer die Eltern beim ersten Mal vielleicht); in der Öffentlichkeit hingegen gilt dies als unschicklich. Wenn man es aber im Restaurant täte, so eröffnete es eine Möglichkeit, die Regeln zu ändern. Die Unterschiedlichkeit im für die Situation angemessenen Benehmen bietet nämlich eine Chance auf Neuaushandlung dessen, was für den Typ von Situation korrekt ist – so jedenfalls Mische und White. Man könnte dann auch sagen, dass das „falsche" Benehmen gleichzeitig die Regeln dieses Typs von Situationen infrage stellt.

Durch dieses In-Frage-Stellen öffnet sich dann ein „Window-of-Opportunity" für eine Neuaushandlung der Regeln. Vielleicht kann man den Fall des Tellerabschleckens[4], solange dies an einem Restauranttisch erfolgt und von wenigen beobachtet wird, noch nicht als revolutionär ansehen. Stellt man sich hingegen vor, dass ein Gast aufstünde, den Koch laut lobte und anschließend einen Teller mit einer extrem gut schmeckenden Speise an den Mund führte, dann könnte das auch für manche andere Gäste zum Verhaltensvorbild werden. Vielleicht nehmen einige das Vorbild mit, wandeln es situationsgemäß ab, sodass dieses Verhalten für einen bestimmten Typ von Restaurant normal wird. Auf lange Sicht könnte man sich sogar vorstellen, dass in der Folge ableckkompatibles Geschirr entwickelt wird. Irgendwann würde es zum Benimm gehören, dass die Gäste sich in dieser Weise verhalten. Es wäre dann tatsächlich Ausdruck der Wertschätzung gegenüber der in diesem Hause gepflegten Kochkunst, zumal bislang auch schon die leergegessenen Teller ein besseres Zeichen dafür ist, ob ein Gericht bei den Gästen ankommt, als die Frage danach, ob es gemundet habe. Wahrscheinlich wird dieser Fall nicht eintreten, denn die Beharrungskräfte der kulturell

---

[4] Der geschilderte Fall ist tatsächlich nicht völlig konstruiert, denn mein Sohn, damals vielleicht fünf Jahre alt, schleckte in einem Restaurant in Frankreich tatsächlich die Reste von seinem Teller, unter Beobachtung des Tischnachbars. Dessen Reaktion schwankte zwischen Vergnügen und Aufforderung der Eltern, ihr Kind doch besser zu erziehen.

eingegrabenen Verhaltensnormen sind relativ groß. Besonders zu Beginn eines solchen Umbruchs müssten die Protagonisten viel Mut aufbringen und ihren Regelverstoß zumindest am Anfang öfters öffentlich zelebrieren. Das wäre notwendig, um ins Netzwerk der Restaurantbesuchenden einzudringen und diese zur Nachahmung anzustiften. Meine Phantasie geht etwas durch mit mir, was es allerdings an dieser Stelle festzuhalten gibt, ist, dass Verstöße gegen Verhaltensregeln, die situationsgebunden sind, immer in zwei Richtungen wirken können. Zum einen können die Normübertretungen sanktioniert werden, sprich, die anderen Leute wenden sich ab, reden über den merkwürdigen Fauxpas oder geben gar ihrer Missbilligung Ausdruck; zum anderen könnte eine solche Übertretung Anerkennung finden, die Nachahmungen provoziert. Während im ersten Fall die bekannten Regeln gefestigt werden, sorgt die Übertretung im zweiten Fall im Netzwerk der Anwesenden für eine Infragestellung der gewohnten Verhaltensregeln. Solche Übertretungen sollten sogar Auswirkungen über den Kreis der in dieser Situation Anwesenden hinaus zeigen, denn diejenigen, die den Vorfall erlebten, dürften davon in ihrem Bekanntenkreis weitererzählen, was eine gewisse Multiplikationswirkung in die persönlichen Netzwerke der Anwesenden hinein entfalten würde.

Allerdings ist das Beispiel von Moissonnier, die Fingerbenutzung bei der Soßenaufnahme etwas, was zumindest bei uns zu einer Verhaltensänderung geführt hat. Wir waren mit einem befreundeten Paar, nachdem ich das Interview gelesen hatte, in einem der besten Restaurants in Frankfurt. Ich erzählte davon, dass Moissonier den Fingerdip als etwas ansieht, was niemand verurteilen würde, zumal er diese Geste, wenn er sie bei seiner Frau beobachtet, als etwas sehr Schönes, nachgerade Erotisches ansieht. Nun, gesagt, getan: Wir hatten alle im Laufe des Abends mehrmals unsere Finger in den Soßenresten auf dem Teller. Das Beispiel zeigt allerdings auch, dass es Leute gibt, die eine andere Reichweite als wir im Bekanntenkreis besitzen. Solche Personen bzw. deren Echo über eine Zeitung kann zu solchen Verhaltensänderungen mehr beitragen als wir als normale Gäste. Wir haben jedenfalls die Lockerung im Benimm an diesem Abend reichlich genossen.

Was uns gefällt, bestimmt das Netzwerk

Das Verhalten und die Weitergabe von Verhalten rund ums Essen (gilt auch für das Rauchen) wurde, wie bereits oben in diesem Kapitel gezeigt, auch empirisch untersucht (Christakis und Fowler 2007, 2008). Erklärlich wird die Angleichung des Verhaltens in Netzwerken dadurch, dass sich innerhalb von Beziehungen auch Verhaltensweisen hinsichtlich des Essens oder des Rauchens verbreiten. Interessanterweise funktioniert das offenbar nicht nur in engen Beziehungen, sondern über mehrere Kettenglieder hinweg. Hier dürfte also noch mehr wirksam sein als nur der private Bericht eines Vorfalls in einem Restaurant. Jedenfalls konnten Christakis und Fowler zeigen, dass Verhaltensweisen in Netzwerken auch über die von den einzelnen Mitgliedern eines Netzwerks überschaubare Beziehungsreichweite hinaus wirksam sind. Die Ähnlichkeit im Verhalten wirkte weit über die direkten Beziehungen hinaus noch einige Kettenglieder weiter. Laut den genannten Forschern beeinflussen Beziehungen der Beziehungen und deren Beziehungen noch mit einer angebbaren Wahrscheinlichkeit das eigene Verhalten. Wie diese große Reichweite zu erklären ist, ist nicht so ganz klar. Man könnte aber annehmen, dass sich Verhalten durch Abschauen in Netzwerken ausbreitet.

Wir haben bei Studierenden, die in Mensen zusammen in einer Gruppe aßen, gemessen, dass sich deren Markenpräferenzen teilweise sehr stark ähnelten (Stegbauer und Rausch 2014). Wir fragten damals nach Vorlieben für Marken von Uhren, Handys, MP3-Playern (Smartphones waren zu der Zeit der Untersuchung(2009) noch nicht verbreitet), Jeans, Sneakers und Autos. Die Übereinstimmung war für alle Warengruppen überzufällig und auch nicht durch die Unterschiedlichkeit von Merkmalen der Studierenden erklärlich. M.a.W., weder Geschlecht, noch Alter und auch nicht der Studiengang hatten dieselbe Erklärenskraft wie das an den Tischen vorgefundene Netzwerk. Dabei wussten wir damals nichts über die Beziehungsstärke und auch nichts darüber, wie die Essensrunden zustande kamen – danach hatten wir in unserer ersten Untersuchung dieser Art leider nicht gefragt. Manche dieser Mensagruppen bilden sich ja spontan, andere beruhen auf schon länger bestehenden Freundschaften zwischen den Studierenden, zudem ist es auch möglich, dass es sich um Arbeitskollegen handelt, die in irgendeiner Weise an der Universität beschäftigt sind. Die erste Untersuchung fand 2009 statt, allerdings haben wir dieselben Fragen in abgewandelten Studiendesigns mehrmals gestellt und kamen dabei immer wieder zu ähnlichen Ergebnissen (Stegbauer 2016). Das ist insofern sehr interessant, als die Studierenden und Mitarbeiter einer Universität in normalen Marketingüberlegungen bereits eine zu feine Aufgliederung bedeuten. Klassische quantitative Untersuchungen, die keine Relationen, dafür aber Merkmale von Befragten erfassen, sind keineswegs in der Lage, die festgestellten Unterschiede aufzuzeigen, geschweige denn zu erklären. Allein dazu würde deren Gradation keinesfalls ausreichen und zudem erklären die in solchen Untersuchungen erfassten Merkmale nicht die Differenzen, die wir in real vorgefundenen Netzwerken zwischen den präferierten Marken gemessen haben (Stegbauer und Rausch 2014). Die in klassischen Befragungen messbaren Merkmale der Personen, die zusammen an den Tischen angetroffen wurden, unterscheiden sich nicht in einer Weise, dass dies mit dieser Methode aufzuklären gewesen wäre. Dennoch waren die Differenzen der Präferenzen zwischen den Gruppen ziemlich groß. Das lässt sich nur durch die Beziehungen erklären.

Man kann sagen, dass hier wieder mehr als ein Prozess am Werk ist: Zum einen lernen wir vor allem solche Leute kennen, die uns ähnlich sind. Dieser Mechanismus wurde schon mehrmals benannt: Es handelt sich um die Strukturation. Im Seminar an der Hochschule sitzen nun mal nur hochgebildete Personen zusammen. Das lässt sich gar nicht ändern, denn das Abitur oder eine vergleichbare schulische Ausbildung sind Voraussetzung dafür, überhaupt anwesend sein zu können. Diejenigen, die in der Lehrveranstaltung dabei sind, gleichen sich auch noch in einer weiteren Hinsicht, denn es handelt sich (fast) durchweg um jüngere Leute. Jedenfalls ist das normalerweise so. Allerdings gibt es auch mittlerweile Studiengänge, da finden sich Jüngere und Ältere zusammen – so wurde es mir jedenfalls von Veranstaltungen in der Philosophie berichtet. Die Bedingungen dafür, präsent zu sein, erklären also schon für sich einen Teil der Ähnlichkeiten. Solche Ähnlichkeiten zwischen Personen, die sich anfreunden, nennt man in der Netzwerkforschung Homophilie (McPherson et al. 2001; Lazarsfeld und Merton 1954).

Wenn nun diejenigen, die sich äußerlich ähnlich sind, tatsächlich zusammenkommen, beginnt ein anderer Prozess, den ich hier auch schon beschrieben habe. Es geht sofort mit der Entwicklung einer Mikrokultur los (siehe auch die folgende Annahme 10 über die Entstehung der Kultur in Netzwerken), an denen diejenigen beteiligt sind, die miteinander in Kontakt stehen. Diese Entwicklung birgt zusätzlich noch den Effekt, dass sich die Annäherung der daran beteiligten Personen noch vergrößert. McPherson et al. (2001) nennen diesen Teil der Homophilie, der noch oben drauf kommt: Inbreeding Homophily. Das meint, dass man sich in Beziehungen noch weiter angleicht und dabei auch Ähnlichkeiten hinsichtlich des Geschmacks und der Vorlieben für bestimmte Markenartikel entwickelt.

Warum wir einander ähnlich werden, ohne es zu merken?

Aber wie erklären Beziehungen überhaupt bzw. was steht hinter einer Erklärung durch Beziehungen? Wie bereits gesagt, ließen sich die Unterschiede nicht mit dem Merkmal des Studiengangs erklären, obgleich auch die Fachzugehörigkeit eine Rolle für Präferenzen hinsichtlich der Bekleidungsstile spielt (wie in Stegbauer 2023 gezeigt). Wodurch kommt dann die Annäherung bei den Lieblingsmarken innerhalb der Essensgruppen zustande? Möglich, dass über Vorlieben geredet wird, wahrscheinlicher aber ist, dass sich eine Art gemeinsamer Stil herausbildet. Die Entwicklung solcher gemeinsamen Stile ist Bestandteil der Herausbildung von Kulturen. Wenn diese sich von Tisch zu Tisch unterscheiden, sprechen wir von Mikrokulturen (Stegbauer 2016). Das bedeutet, dass man in der Situation am Tisch schaut, wie sich die anderen bekleiden, und man nimmt wahr, was die anderen gut finden etc. Damit setzen sich die anderen dann selbst auseinander und der Style der anderen, die diese umgeben, wird in den Bereich des Möglichen überführt oder gar zum Universum der Möglichkeiten, angemessen angezogen zu sein. Allerdings sind solche Mikrokulturen immer auch eingebettet in eine weitergehende sozialkulturelle Welt. Wir konnten zwar in dieser Untersuchung keine Unterschiede nach Fachgebieten feststellen, das gelang uns aber in einer späteren Untersuchung. Dabei haben wir Angehörige unterschiedlicher Fachbereiche fotografiert und andere Studierende gefragt, welchen Studienfächern diese die Studierenden zuordnen würden. Dabei ließen sich auch Unterschiede zwischen den Bekleidungsstilen der Fachgebiete feststellen (Stegbauer 2023). Das meint, dass die an den Tischen vorgefundenen Stile, die in sehr kleinen Netzwerken entwickelt werden, dennoch mit den größeren Netzwerken in Fachgebieten kompatibel sein müssen. Anders hätten wir nicht die Ähnlichkeiten auf beiden Betrachtungsebenen messen können.

Was für Kleidung gilt, mag auch für Essensgewohnheiten richtig sein oder dafür, ob man selbst Rauchen als okay betrachtet, während dieses Verhalten ja an anderen Stellen geächtet ist. Es gibt zudem Hinweise darauf, dass sich Raucher eher zusammenfinden. Das liegt vielleicht auch etwas an der Homophilie (McPherson et al. 2001; Lazarsfeld und Merton 1954), mehr jedoch daran, dass in den Büros und Kneipen das Rauchen nicht mehr erwünscht ist. Diejenigen, die das Qualmen nicht sein lassen wollen oder können, finden sich vor den Türen der Gebäude wieder und es besteht eine bestimmte Wahrscheinlichkeit, dass sie untereinander in Kontakt kommen. Es spricht vieles dafür, dass sich dadurch eigene Rauchernetzwerke ausbilden. Fern liegt es nicht, dann anzunehmen, dass solche Beziehungen zwischen denen, die immer vor die Tür müssen, quer zu den üblichen Relationen liegen. Das heißt, sie umfassen mit einer hohen Wahrscheinlichkeit auch abteilungsübergreifende Kontakte, die ohne das Laster nicht zustande kommen würden. Insofern tragen solche Beziehungen dazu bei, bestimmte Verhaltensweisen auch über die Abteilungen hinauszutragen. Damit sind sie Teil der Entstehung einer Organisationskultur, die einzelne Bereiche überschreitet.

Die Annäherung der Verhaltensweisen ist aber noch nicht alles: Typisch wäre, dass innerhalb der Regel der Angleichung des Verhaltens gleichzeitig auch Variationen entstehen. Dies lässt sich durch Wettbewerb (nach White 1992 Pecking Order genannt oder nach Bourdieu 1985 mit dem Begriff der Distinktion belegt) erklären. Genau kopieren gilt als Nachmachen, aber sich an den anderen orientieren und etwas variieren, das trifft zweierlei: die Anerkennung unter den anderen, die einem ähnlich sind, und es gilt im Wettbewerb nicht als reines Plagiat.

Annahme 10: Unsere Kultur entsteht in Netzwerken

Wer miteinander in Beziehung steht, entwickelt im Umgang miteinander Elemente einer eigenen Kultur. Wir sprechen hier von Mikrokultur. Hierfür sollen nur drei Argumente angeführt werden: 1. Durch Strukturation werden die Menschen voneinander separiert. Nur wer zur selben Zeit am selben Ort ist, hat überhaupt die Chance, miteinander in Kontakt zu kommen oder eben nicht. 2. Indem man miteinander umgeht, entstehen Mikrokulturen, die innerhalb der Beziehung miteinander ausgehandelt werden. Diese Mikrokulturen sind dennoch nach unterschiedlichen Typen von Situationen sortiert. Jeder Typ von Situation bietet unterschiedliche Möglichkeiten für die Anwendung von ausgehandelten Kulturelementen. D. h. es sind immer nur auf das Genre der Situation passende Kulturelemente zulässig. 3. Selbst dann, wenn man keine gewöhnliche Beziehung unterhält, ist man mit den gleichzeitig an einem Ort Anwesenden über superschwache Beziehungen miteinander verknüpft.

Warum wir immer nur bestimmte Leute treffen

Aber betrachten wir die einzelnen Punkte nacheinander: Für die Separierung von Personen ist das Phänomen der Strukturation mitverantwortlich. Strukturation, so wie ich es verstehe (in Anlehnung und in meinem Verständnis von Giddens 1984), ist der Prozess, der dazu hinführt, dass wir nur bestimmten Personen begegnen können. Dies deswegen, weil wir zu einer bestimmten Zeit an einem bestimmten Ort unterwegs sind. Eine gewisse Regelhaftigkeit entsteht dadurch, dass die meisten von uns bestimmten Tagesrhythmen folgen und uns somit meist zur ungefähr gleichen Zeit am gleichen Ort befinden. Der Tagesrhythmus wird natürlich von der Wochengliederung in Arbeitstage und Wochenenden und in gewisser Weise auch von Ereignissen wie den Ferien oder Feiertagen im Jahreslauf gebrochen. Durch diese Rhythmik sind öffentliche Räume je nach Tageszeit von unterschiedlichen Gruppen der Bevölkerung frequentiert: So sind die frühen Vögel solche Leute, deren Arbeitszeit in Schichten eingeteilt ist. Dann kommen die Arbeiter und Handwerker, die meist auch schon früh mit ihrer Arbeit beginnen. Es folgen Schüler, die schließlich von den Angestellten abgelöst werden. Viele Unternehmen haben Gleitzeit eingeführt. Das ändert aber nichts grundsätzlich an dem beschriebenen Schema. Die meisten halten sich ungefähr daran, wie sie ihren Tag einteilen. Selbst der neuere Trend, dass viele Menschen einige Tage die Woche im Homeoffice verbringen, ändert nicht sehr viel an den kollektiven Bewegungsprofilen. Wer einmal gegen Mittag in der U-Bahn unterwegs war und dort vielen jungen Leuten begegnet ist, die gerade von der Schule kommen, weiß, wovon ich hier schreibe. Die genannten Gruppen kommen im öffentlichen Raum oder im Nahverkehr fast nie miteinander in Kontakt. Also auch dann nicht, wenn sie dieselben Linien benutzen. Es gilt: Wenn die eine Gruppe kommt, ist die andere schon weg.

Kultur entsteht immer, wenn Menschen zusammenkommen

Hier folgt nun das zweite Argument, welches sich auf die Annahme der Kulturentstehung in Netzwerken bezieht. Wenn die Menschen zusammenkommen, bilden sie gemeinsam Mikrokulturen aus (Fine 1979). Kultur meint dabei keinesfalls Hochkultur, sondern all das, was sich im Alltag zwischen den Menschen abspielt. Im Alltag benötigen wir Wissen darüber, wie man sich in bestimmten Situationen verhält. Dieses Wissen umfasst dies, aber auch Werte, Normen und Interpretationsmöglichkeiten von dem, was in der Situation auf welche Weise thematisiert wird. Das kann man Symbolverständnis nennen. All dies ist gesammelt in einem kognitiv geordneten Werkzeugkasten für kulturelle Werkzeuge, (toolbox for cultural tools). Nach diesem Verständnis tragen wir die Werkzeuge mit Kultur umzugehen, also alle bei uns in unserem eigenen Kopf mit herum. So jedenfalls hat es die Kultursoziologin Ann Swidler (1986) beschrieben. Diese Tools sind z. T. allgemein, zum anderen Teil für bestimmte Typen von Situationen spezifisch. Sie werden von den Anwesenden angewendet und diese Anwendung kann man als eine Art von Aushandlung betrachten. Denn wie man miteinander umgeht, das setzt sich in folgenden Zusammentreffen mit den gleichen Personen häufig fort. Das Verhalten aus vorhergehenden Situationen wird meist in folgenden Situationen anerkannt, manchmal aber auch geändert. Solche Mikrokulturen sind also nicht in Stein gemeißelt, sondern lassen sich (in Abhängigkeit vom Maß ihrer Institutionalisierung) auch wieder ändern. Während die Strukturation für die Möglichkeit, miteinander in Kontakt zu kommen, verantwortlich ist und damit auch für eine Abgrenzung der einen Mikrokultur von der anderen, wirkt die Mikrokultur, welche sich ausgebildet hat, gleichzeitig auf die Strukturation wieder zurück. Durch das Zusammenspiel von Strukturation und der lokalen Mikrokulturentwicklung – nehmen wir als Beispiel regelmäßige Treffen an einem bestimmten Ort – werden schon diejenigen formal ausgeschlossen, die dann dort nicht zugegen sein können.

Was ist mit „Typen von Situationen" gemeint? Goffman (1974) spricht von Rahmen als Typen von Situationen. Mische und White (1998) schreiben über Network Domains. Mit etwas Variation ist mit diesen Begriffen etwas Ähnliches gemeint. Ich selbst spreche auch manchmal von verschiedenen situationalen Genres. Dabei geht es darum, dass wir bestimmte Typen von Situationen mit bestimmten Verhaltensweisen verbinden. Wenn wir in ein Jazzkonzert gehen, verhalten wir uns anders als in der Oper. Um ein Auto zu kaufen oder sich solche auch nur anzuschauen, gehen wir in ein Autohaus. Diese Situation dort unterscheidet sich von der auf dem Wochenmarkt. Eine Party zu Hause bei einem Kommilitonen ist etwas anderes als etwas, was denselben Namen trägt, sich aber öffentlich in einem Club mit Türsteher abspielt. Wenn wir uns nur die beispielhaft genannten Situationen vor Augen führen, ist uns klar, dass diese sich jeweils deutlich unterscheiden. Jede Situation, so die Vorstellung hier, bündelt eine ganze Reihe von Verhaltenserwartungen und Erwartungserwartungen, die zum Teil allgemeiner Art sind und zu anderen Teilen speziell zu den Typen der Situationen gehören. Das meiste davon ist uns so klar, dass wir uns ad hoc auf die wechselnden Genres einstellen können. Man nennt das auch Alignment, die Anpassung an die anderen erfolgt nicht nur hinsichtlich der Sprache, sondern umfasst auch weitergehendes Verhalten. Wenn wir einen neuen Typ von Situation kennenlernen, also noch unbedarft sind, sind wir zunächst noch eher unsicher. Diese Unsicherheit weicht, wenn wir ähnliche Situationen kennengelernt haben, uns also in einem Genre auskennen. Die Tatsache, dass es solche Typen von Situationen gibt, erleichtert uns den Umgang miteinander, weil wir immer wieder auf dieselben genrespezifischen Kulturwerkzeuge zurückgreifen können. Da die anderen dasselbe auch tun, entsteht so etwas wie ein gemeinsamer Erwartungshorizont. Hierdurch gleichen sich Events, die einem bestimmten Typ von Situation entsprechen, gegenseitig an. Da aber die Angleichung niemals völlig automatisch erfolgt und es immer auch zu Wettbewerb und Distinktion kommt, entstehen lokale Variationen. Solche Variationen können wir durchaus als Mikrokulturen bezeichnen. Allerdings entwickeln sich Mikrokulturen nicht nur im Kontext von Situationen, jede Beziehung entwickelt eigene Bestandteile einer solchen sehr kleinen Kultur.

Annahme 10: Unsere Kultur entsteht in Netzwerken

Es gibt diverse Nachweise über die Entstehung von Mikrokulturen (Fine 1979). Wenn man über Mikrokulturen nachdenkt und grundsätzlich überlegt, was eine Beziehung eigentlich ist, führt dies zur Erkenntnis, dass Situationen besonders bedeutend sind. Damit wurde im Buch bereits mehrmals argumentiert. Allerdings kommen Situationen in der traditionellen Netzwerkforschung nicht vor. Relationen, wie sie in der Netzwerkforschung gemessen werden, sind meist Auskünfte über eigene Beziehungen, die anhand von Fragen (in Fragebögen oder qualitativ) ermittelt wurden. Wenn man mit jemandem befreundet ist, so ist dies ein Gefühl, dahinter steht aber, dass man in der Regel mehrere Male zusammengetroffen ist, sich miteinander austauschte usw. Da Situationen in einer zeitlichen Folge zueinander stehen[1], kann man von Verkettungen von Situationen (Collins 2005) sprechen. Kultur entsteht durch die Übertragung von Aspekten der Kultur von einer Situation auf eine andere. Sie entsteht nicht nur auf diese Weise, sie wird auch genauso weitergegeben, bei dem, was die Alltagskultur angeht jedenfalls. Bei der Verkettung von Situationen gilt die Voraussetzung, dass ein Teil der Anwesenden in den Gliedern der Kette identisch bleibt. Da Kultur, Verhaltensnormen, Interpretationen etc. nicht so ganz genau vorgeschrieben sind, werden je nach Bedarf in „Aushandlungen" mit den anderen in einer Situation Beteiligten Arrangements getroffen. In solchen Situationen kommen kulturelle Tools zum Einsatz (Swidler 1986), die im Umgang miteinander helfen, sich zu verständigen. Da das Arrangement in einer Situation durch die Mischung der Tools der Beteiligten sich mit der Zeit in Ketten von Situationen stabilisiert, entstehen Mikrokulturen (Stegbauer 2016). Die Kulturentwicklung steht damit niemals still, sie wird immer weitergeführt. Bei dieser Weiterführung allerdings beruft sich die Kultur immer auch auf das Vorangegangene. Dieses ist immer Teil der Aushandlungen, auch wenn gerade im Kleinen auch öfters etwas Neues ausprobiert wird.

---

[1] Siehe etwa die klassische Studie der Southern Women (Davis et al. 2009, zunächst 1941; Homans 1951), die man als zeitlich aufeinanderfolgende Situationen (also Ketten) betrachten kann (Stegbauer 2016).

Diese Kulturentwicklung in Ketten von Situationen ist aber nur eine Seite der Dualität (Breiger 1974), die Breiger als ein Zusammenspiel von Gruppen und Sozialität beschreibt. Man kann auch sagen, dass solche Ketten von Situationen beschreiben, wie Beziehungen zwischen Menschen entstehen. Wenn man eine engere Beziehung zu jemandem eingeht, sich anfreundet oder eine Partnerschaft beginnt, dann beruht dies darauf, dass man sich mehrmals getroffen hat. Die Treffen bilden genauso eine Kette, es geht los mit dem Sich-zum-ersten-Mal-Sehen, über tastende Versuche, Ähnlichkeiten zu finden, das Bewähren im reziproken Austausch bis hin zum Entstehen einer engen Beziehung. Wenn wir also mit einem Netzwerkgenerator in der Netzwerkforschung Beziehungen messen liegt lediglich ein Wert vor. Dahinter steht beispielsweise eine Freundschaft, die in solchen Ketten von Situationen entstanden ist. Man kann also sagen, dass Beziehungen zwischen Menschen in Abfolgen von Situationen entstehen, in denen die Menschen gemeinsam anwesend sind (Stegbauer 2016).

Allerdings wird nicht die gesamte Kultur in Situationen mit anderen Personen ausgehandelt. Es fließt immer auch ein Anteil von „Common Sense"-Kultur mit ein in die Situationen. Manche Situationen lassen mehr der selbst ausgehandelten Tools zu, andere weniger. Je formeller eine Situation ist, stellen wir uns einmal ein Ritual, wie es zu Hochzeiten durchgeführt wird, vor oder das Verhalten von tausenden Fans in einem Fußballstadion, umso weniger Einfluss auf das gesamte Geschehen haben die Kulturelemente, die zu zweit oder in kleinen Gruppen ausgehandelt werden. Hier überwiegen die allgemeinen kulturellen Regeln, diejenigen, bei denen man selbst im Kleinen an der Aushandlung beteiligt ist, bei weitem. Allerdings gilt auch hier, dass die allgemeinen Regeln häufig nicht in Stein gemeißelt sind. Das bedeutet, sie lassen Spielräume zu, die man dann wiederum im Kleinen neuformieren kann. Auf diese Weise wandelt sich Kultur, obgleich diese relativ stabil ist. Wir schauen uns, wie wir uns verhalten, nicht nur in Situationen mit unseren engeren Beziehungen ab, sondern das geschieht auch, wenn viele Leute anwesend sind, die wir nicht direkt kennen. Dann reichen auch Beziehungen, die gar nicht personalisiert sind. Superschwache Beziehungen genügen dann, um uns etwas über Verhaltensmöglichkeiten in solchen Situationen mitzuteilen. Nur so können Choreographien in

Stadien funktionieren. Man wird dadurch darüber informiert, wenn eine La-Ola Welle kommt, sieht man, was die anderen tun, und lässt sich einfach mitreißen. Allerdings gibt es für solches Verhalten immer auch Auslöser. In Stadien, wie auch in vielen anderen Situationen, sind es Zeremonienmeister, einzelne Personen oder Gruppen, die im Vorhinein abgesprochen haben, was aufgeführt werden soll. Andere lassen sich anstecken von dem, was an Verhalten in diesem Kreis der Eingeweihten gezeigt wird. Leute, die wissen, wie Riten gestaltet werden, sind für die Stabilität von Kultur in zahlreichen Situationen entscheidend. Das Spektrum derjenigen, die man so bezeichnen kann, reicht von Versammlungsleitungen an Schulen, etwa bei Schulkonferenzen, bis hin zu Schiedsrichtern bei Fußballspielen. Ich glaube, dass diesen insbesondere dann, wenn die anwesenden Personen eine gewisse Verhaltensunsicherheit aufweisen, eine besondere Rolle zukommt. Die Zeremonienmeisterei gibt dann vor, was man zum jeweiligen Zeitpunkt zu tun hat.

Allerdings sind die Eingriffe auch durchaus unterschiedlicher Art. Beim Ausrichten eines Festes beispielsweise handelt es sich um das Veranstaltungsmanagement, was dabei hilft, den Empfang der geladenen Gäste und das gemeinsame Essen zu arrangieren und die Räumlichkeiten zu schmücken. Auch wenn es so ausschaut, als würde sich diese Spezies nach den Wünschen der Auftraggeber richten, so ist die Spanne, innerhalb derer sich solche Festivitäten bewegen, doch nicht besonders weit – und sie ist sehr stark von Traditionen geprägt (Stegbauer 2013). Ein anderer Typ von Zeremonienmeister findet sich in der Form von Pfarrern, deren Job es insbesondere ist, Übergangsrituale zu gestalten. Hierzu zählen Taufen, der Übergang von der Kindheit zum Jugendlichen bzw. Erwachsenen, Hochzeiten, die Gestaltung von diversen Jubiläen, bis zu den Trauerfeiern. Abgesehen davon verfügen diese über eine weitreichende Erfahrung, was die Gestaltung von Zusammentreffen angeht, denn in der Regel sind sie für mindestens einen Gottesdienst in der Woche zuständig. Etliche Elemente, die ihnen daher bekannt sind, übertragen sie dann auch auf andere Events, für die sie vorgeben, was gerade zu tun ist. Natürlich sind solche Meister ebenfalls verhaltensunsicher. Ihnen hilft die Liturgie, die festschreibt, was die Kirchenbesucher wann während eines Gottesdienstes tun sollen. Sicherheit wird ihnen beispielsweise auch dadurch gegeben, dass die Organisation Kirche sogar Vorschläge für Predigten unterbreitet. Das hat dann den durchaus gewollten Nebeneffekt, dass die Organisation neben den Formen auch Einfluss auf den wichtigsten Teil des Inhalts von Gottesdiensten nimmt.

Die entstandenen Beziehungen sind dann das Material von Netzwerkanalysen, wenn man etwa danach fragt, mit wem eine Person befreundet ist oder sich öfters trifft. Wenn man jedoch netzwerkanalytisch direkt die Beteiligung an Situationen untersuchen würde, so käme am ehesten dafür die Modellierung über bimodale Netzwerke infrage. Diese werden in der folgenden Annahme behandelt.

Selbst dann, wenn wir die anderen nicht kennen, beeinflussen sie uns

Das dritte Hauptargument der Annahme, dass Kultur in Netzwerken entsteht, kann man in einen Zusammenhang zu der Wirkung superschwacher Beziehungen stellen (siehe auch Annahme vier über die Wirkung unterschiedlicher Beziehungsstärken). Superschwache Beziehungen bauen darauf, dass sich das Verhalten der Menschen, die man wahrnehmen kann, fortsetzt. Etwas Ähnliches wurde zuvor am Beispiel der Zeremonienmeister beschrieben. Diese führen ein bestimmtes Verhalten vor, was von den anderen nachgemacht wird, oder sie geben Anweisungen für ein bestimmtes Verhalten. Zeremonienmeister sind von herausgehobener Stellung und von daher sehr einflussreich. Das sind die anderen Teilnehmenden nicht im selben Ausmaß, was nicht bedeutet, dass sie nicht an der Übertragung von Verhalten auch beteiligt sind. Auch hier wirkt das Abschauen besonders gut in Situationen, welche von Unsicherheit geprägt sind. Man könnte sagen, dass sich Menschen mit einer aufkommenden Routine und damit größerer Sicherheit mehr und mehr zu Verhaltensvorbildern entwickeln. Die Übernahme von Verhalten funktioniert aber nicht völlig bruchlos. Ein paar Voraussetzungen müssen schon gegeben sein: Zumindest sollte man keine Abneigung gegenüber denjenigen hegen, die man beobachtet. Eine zweite Voraussetzung ist, dass man sich in einer ähnlichen Position befindet. Nur Personen, die sich in strukturell ähnlichen Positionen befinden, orientieren sich aneinander. Auf diese Weise lassen sich beispielsweise Touristen von Einheimischen unterscheiden.

Wenn ein Teil von Kultur eine situationsbedingte Verhaltensanpassung ist, die kollektivweit gültig ist, dann spielt der Modus der Verhaltensübertragung über Beobachtung eine große Rolle. In ziemlich vielen Typen von Situationen ähnelt sich das Verhalten insbesondere in der Öffentlichkeit. Große Anteile davon, wie man sich benimmt, werden einfach übernommen, auch wenn die dahinterstehenden Rituale von ihrer Bedeutung her nicht verstanden werden. Das Verstehen ist für die Übertragung nicht notwendig. Die Suche nach Orientierung dürfte einer der wesentlichen Wirkmechanismen sein, welche die Verhaltensanpassung hervorbringt. Ohne solches Abschauen könnten wir wahrscheinlich nicht von einer gewissen Einheitlichkeit im Verhalten der Menschen in einem bestimmten Kreis, in dem die kulturellen Eigenheiten gültig sind, sprechen. Selbst in einer Gesellschaft wie der unseren, die durch kulturelle Vielfalt gekennzeichnet ist, finden sich zu bestimmten Gelegenheiten Regelmäßigkeiten im Verhalten aller Personen, die in solchen Situationen zugegen sind. Man kann also sagen, dass es schwierig wäre, eine solche relative Ähnlichkeit herzustellen, wenn es den Mechanismus des Abschauens nicht gäbe.

Annahme 11: Bimodale Netzwerke: Was man alles über Beziehungen wissen kann, ohne die Beteiligten zu fragen

Die Netzwerke, die unter dieser Annahme betrachtet werden, unterscheiden sich sehr stark von den anderen Netzwerken, die man normalerweise in Augenschein nimmt. Meist werden Beziehungen durch eine Selbstauskunft mittels sog. Netzwerkgeneratoren erfasst. Solche Netzwerkgeneratoren fragen beispielsweise nach den besten Freunden oder danach, wer mit wem schon einmal gemeinsam ein Seminar besucht habe. Die zweite in diesem Büchlein betrachtete Form der Netzwerkerhebung erfolgt im Kontext der Erfassung der kognitiven Sozialstruktur. Dabei geben die untersuchten Personen nicht Selbstauskünfte ab, sondern man fragt nach deren Beobachtungen oder nach deren Wissen über Beziehungen zwischen anderen Personen im zu untersuchenden Netzwerk. An dieser Stelle wird jetzt noch eine dritte Möglichkeit der Erfassung von Netzwerken vorgestellt. Der Clou dabei ist, dass man Aussagen über die Struktur von Beziehungen zwischen Menschen treffen kann, ohne direkt Auskünfte über deren Relationen einzuholen. Die Beziehungen werden also indirekt erfasst. Es reichen hierfür Informationen darüber aus, wer sich wann an welchem Ort befunden hat. Solches Wissen ist oft über Dokumente zugänglich. So finden sich beispielsweise öfters Protokolle mit Teilnehmenden an Sitzungen oder

Zugehörigkeiten zu Gremien oder Vereinen. In der klassischen Studie der sog. Southern Women, die in der Gemeindeuntersuchung von Davis und anderen (2009, zuerst 1941) erfasst wurden, waren es Zeitungsberichte, die ausgewertet wurden. In den Zeitungsberichten fanden die Studienautoren Hinweise darauf, welche der Damen gemeinsam an bestimmten Events beteiligt waren.

Die Dualität von Personen und Gruppen

Die Daten der Untersuchung von Davis und anderen, in denen auch die Beziehungen der Southern Women erfasst wurde, ist mit der Zeit zum Klassiker der Netzwerkforschung geworden. Der Ort, in dem die Erhebungen durchgeführt wurden, ist die wunderbare Südstaatenkleinstadt Natchez, Mississippi. Allerdings haftet dem Zauber und dem historischen Wohlstand der Stadt auch ein Makel an. Beides, Zauber und historischer Wohlstand, begründet sich in großem Maße auf die Ausbeutung von Sklaven und später Feldarbeitern vorwiegend schwarzer Hautfarbe. In der Originalstudie wird den, später für die Geschichte der Netzwerkforschung, so wichtigen Southern Women relativ wenig Raum gegeben. Es handelt sich um wenige Seiten im Forschungsbericht und um eine Tabelle, in der abgebildet ist, welche von den Frauen an den Veranstaltungen teilnahmen, über die von der Lokalzeitung berichtet wurde. Die Tabelle selbst ist nur ein kleiner Bestandteil der umfassenderen Gemeindestudie, die von Davis und anderen 1941 veröffentlicht wurde. Berühmt wurde diese Untersuchung wohl vor allem dadurch, dass Homans (1951) diese in seine Überlegungen zur Theorie Sozialer Gruppen aufnahm. Was die Damen miteinander anstellten, auch das wurde in der örtlichen Zeitung veröffentlicht. Die Aktivitäten reichten vom gemeinsamen Kartenspiel bis hin zu Wohltätigkeitsbasaren. Das Netzwerk umfasst 14 zeitlich geordnete Events und 18 Frauen. Bimodal heißt diese Art der Analyse, weil es sich um zwei unterschiedliche Modi handelt. In diesem Beispiel besteht der erste Modus aus den Frauen, der zweite, das sind die Events.

Die erste Projektion analysiert, welche Frauen gleichzeitig an welchem Event beteiligt waren. Dabei ergaben sich zwei Cliquen von

Frauen. Einige der Veranstaltungen waren besonders gut besucht. Diese Events, an denen Teilnehmerinnen aus beiden Cliquen beteiligt waren, verbinden die beiden unterschiedlichen Gruppen der Damen der Gesellschaft. In der Netzwerkforschung wurde diese Untersuchung deswegen berühmt, weil Ron Breiger (1974) diese nutzte, um daran die Dualität von Personen und Gruppen aufzuzeigen (siehe vorhergehende Annahme). Man kann den Aufsatz als Geburtsstunde der bimodalen Analyse bezeichnen. Diese bimodale Auswertung wurde danach zu einem der wichtigsten Instrumente für die Netzwerkanalyse.

In den meisten Fällen geht es also um die Rekonstruktion der Beziehungen anhand der Informationen (die im gerade berichteten Beispiel aus der Lokalzeitung entnommen wurden). Die dahinterstehende Idee ist, dass die Teilnehmerinnen anlässlich der Veranstaltung miteinander in Kontakt gekommen sein müssen. Werden mehrere Veranstaltungen von denselben Personen frequentiert, so dürfte die Beziehung enger sein. Insofern lassen sich mit diesem Vorgehen Beziehungen rekonstruieren. Das ist in der Netzwerkforschung der wohl am häufigsten angewendete Fall.

Ein zusätzlicher Clou ist aber, dass die bimodalen Daten auch noch eine zweite Sichtweise möglich machen: Die Events stehen nämlich ebenfalls miteinander in Beziehung. Diese Beziehung kann man konstruieren durch die Projektion in die andere Richtung. Die Veranstaltungen stehen dann nämlich dadurch miteinander in Kontakt, dass diese von denselben Personen besucht oder organisiert werden.

Ein Problem der vielen Analysen (eine Metaanalyse mit Einbeziehung von ca. 100 Veröffentlichungen findet sich bei Freeman 2003), die mit diesem Datensatz angestellt wurden, ist, dass die zeitliche Dimension bei den meisten dieser Untersuchungen nicht berücksichtigt wurde. Ich selbst habe mir dazu einige Gedanken gemacht (siehe Stegbauer 2016: 50–73). So entwickeln sich nicht nur die Beziehungen von Event zu Event, auch die Veranstaltungen selbst stehen über die Teilnehmer, die mehrere der geselligen Zusammenkünfte besucht hatten, miteinander in Kontakt. Während die Frauen, sofern sie nicht wegzogen, konstant blieben, sind die Events definitionsgemäß immer flüchtig. „Flüchtig" sind sie, weil ein Event im eigentlichen Wortlaut eben nur einen Tag oder einen Abend dauert. Danach ist es abgeschlossen;

es kann lediglich ein neues Event folgen, aber nicht mehr dasselbe. Das bedeutet, dass nur ein vergangenes Event ein neues beeinflussen kann. Es gibt also nur eine Richtung, in der die Beeinflussung stattfinden kann. Vergangene Veranstaltungen können also lediglich die Art und Weise der Ausführung der jeweils bevorstehenden Events beeinflussen; das geht nicht in umgekehrter Reihenfolge. Solche Events werden meist aus unterschiedlichen Bestandteilen zusammengesetzt. Je nachdem um welche Veranstaltung es sich handelt, wird zunächst geplant, dann richtet man einen Raum für das Event ein. Wenn die Gäste eintreffen, folgen Begrüßungen; schließlich kommt man zum eigentlichen Zweck der Veranstaltung. Zur Abfolge gehören noch weitere Teile, wie die Verabschiedung und das Aufräumen hinterher und, je nach Größe des Events evtl. auch noch ein zusätzlicher Termin, an dem man eine Feier für die Helfer ausrichtet. Zugegeben, die Aufzählung hört sich etwas schematisch an und ist auch nicht für alle Events gleichermaßen genauso gültig. Es geht mir hier aber darum, aufzuzeigen, dass, wenn man von Veranstaltungen spricht, das nicht bedeutet, dass diese alle völlig einheitlich sind. Jede Einzelne der Veranstaltungen kann man in Teile zerlegen. Manche dieser Teile, bzw. deren Form bewähren sich. Das lässt sich daran messen, dass hinterher alle (oder mindestens die meisten) positiv über diese Teile der Veranstaltung reden. Es wird vielleicht gesagt, dass dieses oder jenes Element sich gut in den Ablauf einpasste. Wenn das geschieht, wird dieser Bestandteil höchstwahrscheinlich in der folgenden Veranstaltung wiederholt.

Um das an einem Beispiel einmal aufzuzeigen: Wir organisieren im Rahmen der Deutschen Gesellschaft für Netzwerkforschung seit einigen Jahren gemeinsam mit der Schader Stiftung in Darmstadt Tagungen. Bei der Planung einer der ersten Konferenzen im Rahmen dieser Zusammenarbeit ergab sich die Idee, dass man doch eine Einpaneltagung im großen Saal durchführen sollte. Wir hatten deutlich mehr als 40 Vorträge aus den Einreichungen ausgewählt. Wie soll man aber so viele Vorträge in einem Kongress von zwei Tagen unterbringen? Zumal dann, wenn der Ablauf so gestaltet sein soll, dass alle die Chance haben, jeden Vortrag hören zu können? Die Lösung, die wir gefunden haben, war, dass die Vorträge in ungewöhnlicher Weise ultrakurz gehalten werden sollten. Wir entschlossen uns also dazu, nur zehn Minuten Vortragszeit für jeden Referenten und nur eine Sammeldiskussion am Ende jeder Sitzung zuzulassen. Jemand aus der Stiftung hatte die Idee, dazu eine große Eieruhr aufzustellen. Dieses Zeitmessgerät musste nach fünf Minuten von der moderierenden Person gewendet wurde. Dadurch, dass man am durchrieselnden Sand immer erkennen konnte, wie viel noch zur Verfügung stand, klappten die Kurzvorträge ganz vorzüglich und es brauchte auch kaum Aufwand dafür, die Redenden dazu zu bewegen, zum Schluss zu kommen. Natürlich gab es auch einige Teilnehmende, die an dem Format Kritik übten. Ein solches Format ist ungewohnt, sind doch meist die Redezeiten auf Tagungen deutlich länger. Manche Förderungen für die Reisen zum Konferenzort sind daran gebunden, dass der Vortrag mindestens 15 min dauert, was wir auch erst im Zuge der Planung der ersten Veranstaltung dieser Art erfahren hatten. Eine weitere Überlegung war, dass wir es mit einer interdisziplinären Veranstaltung zu tun hatten. Es sollte also auf den üblichen fachinternen Begründungsapparat verzichtet werden und die Inhalte so vorgetragen werden, dass diese auch für Fachfremde verständlich sind. Manche Vorträge überzeugen von ihrer Qualität nicht hundertprozentig, andere sind dann doch etwas zu speziell für das Publikum. Ich habe während der ersten Veranstaltung in dem Format mehr gelernt als auf den meisten anderen Tagungen, die ich besuchte. Das gesamte Konzept kam bei den meisten Teilnehmenden super gut an, so jedenfalls die überwiegende Rückmeldung.

Das Konzept bestand aus zwei Formkomponenten (den zehn Minuten Vortragszeit und der Eieruhr). Auch weil bei diesem Format ziemlich viele Vortragende in die relativ kurze Tagungszeit passen, haben wir das, was zunächst eine Innovation war, einige Male wiederholt. Hinzu kam noch eine kurze Sammeldiskussion, die sich auf alle Vortragenden in einem Zeitslot bezog. Es konnte also sein, dass sich die Diskussion auf wenige der Vorträge konzentrierte und manchmal auch auf eine Präsentation gar keine Frage entfiel. Die anfängliche Skepsis war über die Zeit verflogen.[1] Auch wenn wir in der Zwischenzeit von diesem Kon-

---

[1] Mittlerweile sind die Tagungen noch etwas mehr angewachsen. Das bedeutet, dass wir organisatorisch nun auf mehrere Panels zurückgreifen müssen. Die Vortragsslots inklusive Diskussion hatten wir zuletzt auf 20 min verlängert.

zept abgekommen sind, ist es aber im Organisationsrepertoire noch vorhanden. D. h. bei Bedarf können wir oder die Stiftung in einem anderen Kontext jederzeit wieder zu dieser Tagungsform zurückkehren.

Wenn man danach fragt, wer an einem Event mit wem gleichzeitig teilgenommen hat, kann man die Beziehungen zwischen den Teilnehmenden und damit die Struktur von Beziehungen rekonstruieren. Diese Art der Netzwerkforschung gewinnt auch gerade angesichts der Zunahme der durch die Digitalisierung verfügbaren Dokumente einen Aufschwung. Mit der Konstruktion von bimodalen Netzwerken können wir ohne Kontakt und Nachfrage bei den betreffenden Personen etwas über die Beziehungsstruktur erfahren. Dabei kann der Begriff Event z. B. mit Veranstaltung, mit Zusammentreffen oder einer anderen Form des Beteiligtseins übersetzt werden. Dies trifft es aber nicht vollständig. Es kann sich um Veranstaltungen handeln, denken wir an so etwas wie eine kleine Geburtstagsfeier oder gar an große Festivals (Stegbauer 2023). Man kann ein Event aber auch als Situation oder eine Sammlung von Situationen betrachten, bei denen Menschen zusammentreffen und ihre kulturellen Werkzeuge anwenden. Dabei werden zum einen kulturelle Muster weitergetragen und gleichzeitig meist ganz unwillkürlich eine eigene Mikrokultur entwickelt, die neben der „Common Sense"-Kultur auch eigene Kulturelemente enthält. Die Ideen zur bimodalen Analyse lassen sich also recht vielfältig interpretieren bzw. anwenden.

Das Problem der vielen Leute

Die Daten solcher bimodalen Erhebungen werden im Gegensatz zu Gesamtnetzwerken (Personen-Personen-Matrix oder Ego-Netzwerken mit Ego im Zentrum) als sog. Personen-Event-Matrix angeordnet (grundlegend: Breiger 1974; Rausch 2010). Erst durch die Multiplikation dieser Matrix mit ihrer transponierten Matrix entsteht das Personen-Personen-Netzwerk. Das Vorgehen ist rein formal, hat aber inhaltliche Konsequenzen: Events unterscheiden sich nach ihrem Charakter. Der Charakter von Events ändert sich schon alleine dadurch, dass die Zahl der Teilnehmenden variiert. So ist ein kleines Zusammentreffen mit bis zu ca. 6–8 Personen meist so strukturiert, dass jede Person mit jeder anderen in Interaktion tritt (also eine Beziehung entsteht). Handelt es sich um Events, die von ihren Teilnehmerzahlen größer sind, so verringert sich die Beziehungswirkung (oder findet in Nischen des Gesamtevents zwischen wenigen Personen statt). Dafür steigt die Anzahl der generierten Beziehungen enorm an (im Quadrat mit der Teilnehmendenzahl). Die bimodale Analyse großer Events erzeugt den Anschein von Beziehungen, die so gar nicht zustande gekommen sein können. Wie man damit in der Netzwerkforschung umgeht, ist Interpretationssache: So weiß man natürlich nicht, wer tatsächlich wen getroffen hat (vergl. Stegbauer 2014). Dieses Dilemma kann man etwas abmildern, indem man in der konkreten Untersuchung Schwellenwerte definiert. So könnte man in der Forschung Beziehungen in größeren bimodalen Netzwerken so definieren, dass die Personen mehrmals das gleiche Event besucht haben müssen (z. B. drei Mal). Allerdings fehlt meist eine inhaltliche Bestimmung, ab welcher Größe und ab wie vielen Teilnehmenden die bimodale Analyse nicht mehr sinnvoll ist. Schwellenwerte sind bei ganz großen Events auch nicht unbedingt sinnvoll anwendbar.

Wenn man die Teilnahme jedoch in einer anderen Weise interpretiert, dann wird sie für die Netzwerkforschung auch wieder inhaltlich bedeutsam: Jeder, der an einem Event teilnimmt, lernt etwas über die Mikrokultur des Events. Genauer gesagt, lernt man, wie man sich zu verhalten hat und wie bestimmte Dinge zu interpretieren sind etc. M.a.W., selbst ohne die unterliegenden Beziehungen beachten zu müssen, dürften sich nach Teilnahme einige kulturelle Tools der Teilnehmenden angleichen. Das gilt dann, wenn sich deren Interpretation ähnelt: Solche Ähnlichkeiten sind wiederum eine Folge der Übereinstimmung von bereits vorhandenen kulturellen Werkzeugen. Je mehr die Tools zusammenpassen, umso mehr dürften die Personen in ähnliche kulturelle Zusammenhänge eingebettet sein. Diese Anpassung würde ich dann als Wirkung von superschwachen Beziehungen interpretieren. Das zeigt aber auch, dass superschwache Beziehungen auch dann eine kulturelle Bedeutung im Kontext von Events entfalten, wenn gar keine direkte Interaktion zwischen allen Beteiligten stattfand (Stegbauer 2023). Es reicht dann, dass man sich gegenseitig beobachtet und jede der dort anwesenden Personen das eigene Verhalten an dem der anderen orientiert.

Wenn wir die Teilnahme an Events in solch einer Weise als eine Aneignung von Kultur begreifen, dann kommt der gerade geschilderten zweiten Projektion solcher Daten vielleicht eine noch größere Bedeutung zu: Es wird deutlich, inwiefern die Events über gemeinsame Teilnehmer zusammenhängen. Das bedeutet, dass diejenigen, die gemeinsam an mehreren Events teilgenommen haben, sich vielleicht nicht persönlich kennengelernt haben, aber sie sind dann in der Lage, die spezifische Kultur dieses Typs von Ereignis zu Ereignis weiterzutragen. Das, was für Ketten von Situationen in Annahme zehn gesagt wurde, gilt also auch hier. Schließlich können wir Events ja auch als aufeinander aufbauend interpretieren. Sie sind schließlich auch nicht mehr als eine Agglomeration von Situationen.

Was solche Übertragungen der Kultur bedeuten, wird in der nächsten Proposition noch einmal auf andere Weise aufgegriffen. Dort geht es aber nicht um die Verkettung von Ereignissen, sondern ich überlege, wie es dazu kommt, dass in verschiedenen Organisationen manche Routinen, aber auch vielerlei Verhalten in einer gleichartigen Weise immer wieder zu beobachten ist. Es wird dabei genau wie in dieser Annahme zur Bimodalität behauptet, dass Events über Personen miteinander in Verbindung stehen. Wenn wir jedoch den Begriff „Event" durch „Organisation" ersetzen und die Mitgliedschaft in unterschiedlichen Organisationen als Ketten von Events begreifen, dann wird diese Annahme noch einmal in einem anderen Kontext verständlich.

Annahme 12: Organisationen stehen über gemeinsame Mitgliedschaften miteinander in Beziehung

An dieser Stelle schauen wir uns noch eine andere Art von Anwendung bimodaler Netzwerke an. Daran schließt sich eine Betrachtung an, die danach fragt, wie sich eigentlich Praktiken, mit Problemen umzugehen, von einer Organisation zu einer anderen Organisation übertragen lassen. Bimodale Netzwerke lassen sich mit der gleichen Transformation wie bereits in der vorhergehenden Grundannahme beschrieben auch in die andere Richtung projizieren und damit Zusammenhänge zwischen Events über beteiligte Personen konstruieren. Auf diese Weise können Aussagen über Beziehungen zwischen Organisationen und zwischen Events getroffen werden.

Allerdings muss man hier unterscheiden. Organisationen kann man als spezifische soziale Kreise interpretieren, die aus Ketten von Situationen bestehen. Sie sind aufgrund ihrer formalen Verfasstheit[1] auf einen längeren Bestand angelegt[2], während das einzelne Event nur kurze Zeit

---

[1] Das gilt auch für die Beziehungen zwischen sozialen Kreisen (eine Organisation kann man analytisch hier einmal als einen sozialen Kreis ansehen).

[2] Es besteht der Anspruch, dass Organisationen auch unabhängig vom jeweils darin agierenden Personal beständig sein sollten (Luhmann 1975).

andauert. Durch diese auf Dauerhaftigkeit angelegte Bestandsfestigkeit kann man sagen, dass typische Situationen, in denen die Organisationsmitglieder zusammenkommen, formalisierter sind. Die Begegnung von Menschen in Organisationen ist beispielsweise durch Betriebsabläufe und Hierarchien reguliert. Organisationen sind eingeteilt in Abteilungen, in denen die Mitarbeiter zusammenarbeiten. Die Abteilungen stehen miteinander in Verbindung über diejenige Art der Arbeitsteilung, die bei Planung des Ablaufes festgelegt wurde. Regelmäßige Meetings, die Aufteilung von Organisationen in Abteilungen und in Arbeitsgruppen sorgen dafür, dass sich dieselben Personen immer wieder in einer bestimmten Konstellation treffen. Es entstehen also auch hier Ketten von Situationen mit denselben Personen. Das ist eine der Voraussetzungen für eine Beziehungs- und Mikrokulturentwicklung.

Wie Organisationen voneinander lernen können

Organisationen verwalten Mitgliedschaft und stellen damit auch Grenzen von Netzwerken her. Zur Mitgliedschaft in Organisationen gehören bestimmte Situationen, in denen man sich begegnet. Netzwerkforschung erfasst an dieser Stelle die Beziehung zwischen Personen, ohne die Situationen (aus denen Beziehungen sich aufgebaut haben) auch nur zu thematisieren. Durch die Überschneidung von Personen, die an Ketten von Situationen beteiligt sind, entstehen Organisationskulturen. Damit sind z. B. Eigenheiten von Organisationen gemeint, die den Angehörigen nach einer gewissen Zeit, wenn sie die Merkwürdigkeiten als normal ansehen, nicht mehr auffallen. Um das Nicht-mehr-wahrnehmen-Können der Eigenheiten zu beschreiben, hat sich der Begriff der Betriebsblindheit entwickelt. Diese stellt sich dann ein, wenn die üblichen Organisationroutinen für den neuen Mitarbeiter zu einer Normalität geworden sind. Dann entsprechen diese dem „Common Sense" im kleinen Bereich der Organisation – sofern man davon hinsichtlich der begrenzten Reichweite der geteilten Kultur überhaupt von einem Common Sense reden kann. Jedenfalls werden die kulturellen Eigenheiten dann kaum mehr hinterfragt.

Innerhalb der Kulturen werden bestimmte Umgangsweisen und Verfahren angewendet und weiterentwickelt. Diese sind eigentlich durch Mitgliedschaft nach außen hin abgeschottet: Nur Mitglieder von Organisationen kennen diese spezielle Kultur, bei der auf bestimmte Weisen mit Problemen und ihren Lösungsmöglichkeiten umgegangen wird. Allerdings können diese innerhalb einer Organisation entwickelten Lösungswege auch für andere Organisationen hilfreich sein. Eine gegenseitige Beeinflussung kann beispielsweise dann erfolgen, wenn Organisationsmitglieder zusätzlich auch noch in anderen Organisationen Mitglied sind. Unter diesen Umständen ist es möglich, Lösungsstrategien für Probleme aus der einen Organisation auf die nächste zu übertragen. Solche Wirkungen von Organisationen aufeinander wurden in der Netzwerkforschung gelegentlich untersucht, wenn auch mit einer deutlich anderen Fragestellung. So beispielsweise hinsichtlich der Überschneidung gemeinsamer Mitgliedschaften bei Vedres und Stark (2010). Dort ging es aber nicht um mehr oder weniger „normale" Mitarbeiter, sondern um die Überschneidung auf der Leitungsebene. Die Mitglieder solcher Gremien dürften sicherlich auch noch mehr Einfluss auf die Abläufe haben als ein Mitarbeiter einige Führungsstufen darunter.

Vor kurzem bekam unsere Gesellschaft für Netzwerkforschung (DGNet) von einer Rechtsanwaltskanzlei eine Abmahnung wegen einer Copyrightverletzung. Jemand hatte ein Dokument mit einem Kartenausschnitt, der den Weg zu einem Treffen zeigen sollte, auf unsere Webseite hochgeladen. Die Forderung gegenüber unserer Gesellschaft war ziemlich hoch; zumal unsere Einnahmen lediglich aus Mitgliedsbeiträgen bestehen. Wir haben uns also im Vorstand beraten, wie wir mit dem Problem umgehen sollten. Ein Vorstandsmitglied berichtete etwa davon, dass er selbst einmal eine Abmahnung bekam und wie er sich dazu verhielt und wie er damals beraten wurde. Ein anderer erzählte von seinem Kontakt zu einem Anwalt, der ihn schon einmal in einem anderen komplizierten Fall kompetent vertreten habe. Fast alle Vorstandsmitglieder holten Erkundigungen bei Leuten ein, von denen sie sich Ideen und Klarheit über das weitere Vorgehen verschaffen wollten. Die meisten kannten Juristen oder manche konnten sich mit den Juristen der Rechtsabteilung der eigenen Universität informell beraten. Einige der Beratungen erfolgten auch über eine Ecke, nämlich, dass jemand anderes einen juristischen Rat für unseren Verein bei einer dem Kontakt des Vorstandes bekannten Juristin einholte. Auf diese Weise wurden Informationen und Wissen, welches in anderen organisationalen Zusammenhängen erzeugt wurde, in unsere Gesellschaft übertragen. Wir haben dadurch und durch eigene Lektüre von Gerichtsentscheidungen schließlich einen Weg gefunden, wie wir möglichst rechtssicher mit der versehentlich begangenen Urheberrechtsverletzung umgehen konnten.

Problemlösungen kommen von außen

Zumindest den Potenzialen der Übertragung von solchem Wissen oder von Praktiken des Umgangs mit Problemen sind wir in der eigenen Forschung in einem anderen Zusammenhang einmal nachgegangen. Es handelte sich um eine Gemeindeuntersuchung der evangelischen Kirche. Dort haben wir u. a. den Zusammenhang zwischen Organisationen beforscht (Stegbauer et al. 2015) und festgestellt, dass beispielsweise Personen, die sich im Kirchenvorstand engagierten, auch in einer bedeutenden Weise im Kirchenchor, im Sportverein und in der Gemeindeverwaltung tätig sein konnten. Wir haben uns in unserer Analyse genau das vorgestellt, was wir in der Gesellschaft für Netzwerkforschung gesehen haben. Wenn nun im Kirchenvorstand ein Problem behandelt wird, können Vorschläge für dessen Lösung auf den Erfahrungen in den anderen sozialen Kreisen, mit denen diese Person in Kontakt gekommen ist, beruhen. Auf diese Weise kommen die eigentlich gegeneinander abgeschlossenen Organisationen miteinander in Kontakt und können voneinander lernen. In diesem Prozess nähern sich die unterschiedlichen Organisationen bis zu einem gewissen Grad aneinander an. Aufgrund der unterschiedlichen Aufgaben (hier am Beispiel von Kirchen), müssen sie aber gleichzeitig voneinander separiert bleiben. Dies ist notwendig, damit sie ihren Charakter nicht verlieren. So sind etwa Rituale, die im Gottesdienst eine Rolle spielen, nur sehr begrenzt als Lösung für Probleme in einer Arbeitsorganisation anwendbar.

Man wundert sich manchmal, dass sich Organisationen in ihrem Verhalten so sehr ähneln. So gab es eine Zeit, als Unternehmen versuchten, immer mehr Geschäftsbereiche zu integrieren. Das hat Vorteile, wenn es etwa darum geht, Verluste in einem Bereich mit Gewinnen des anderen Bereichs zu verrechnen. Seit einigen Jahren jedoch hat sich der Trend umgekehrt. Die Unternehmen bemühen sich nun, „schlanker" zu werden, da die Einzelteile mehr Wert seien, als das Konglomerat. In solchen Zeiten überwiegt das Wertargument jenes, welches zuvor die Stabilität betont hatte. Auch wenn man auf Managementstile schaut, finden sich solche Zyklen (Stegbauer 1995), welchen sich die meisten Unternehmen nicht entziehen können. Allerdings finden sich neben den ehrenamtlich in unterschiedlichen Organisationen tätigen auch solche, deren Profession es ist, in verschiedenen Unternehmen zu sein und diese zu analysieren. Ich meine damit die Berater, die mit ihren Beratungsfirmen jeweils eine ganze Reihe von unterschiedlichen Unternehmen besuchen und diesen Vorschläge für die Weiterentwicklung oder Verbesserung ihrer Organisation zu unterbreiten. Naturgemäß werden sich einige der Vorschläge ähneln, sodass auch hierüber Ähnlichkeiten entstehen mögen. Diese Consultants sind zwar extern und nicht direkt Mitglieder der von ihnen beratenen Unternehmen, jedoch dürften diese keinen geringen Einfluss besitzen. Ihre Vorschläge dienen denn auch als Entscheidungshilfen bzw. als Legitimationsinstanzen für Organisationsreformen. Ein Teil ihrer Autorität verdanken diese Berater ihrer Erfahrung, die explizit in anderen Unternehmen gesammelt wurden.

Beziehungen zwischen Institutionen oder Events sind insofern ebenso bedeutsam zunächst einmal für die Lösung von Angelegenheiten, die sie völlig auf sich selbst gestellt möglicherweise nicht in den Griff bekommen würden. Insbesondere kleinere Organisationen oder auch Vereine, wenn sie auf ehrenamtlicher Tätigkeit beruhen, kämen ohne den Eintrag von Expertise, die aus anderen Kontexten wie z. B. Unternehmen stammt, gar nicht aus. Viele der Fragen, die sich dort im Alltag des Kleinorganisationswesens stellen, wären kaum mit den vorhandenen Ressourcen zu beantworten. Man behilft sich dann insbesondere im Ehrenamtsbereich damit, dass für bestimmte Funktionen solche Personen eingesetzt werden, die bereits woanders einschlägige Erfahrungen gesammelt haben. Auf diese Weise versucht man sicherzustellen, von der in anderen Organisationen gesammelten Expertise zu profitieren.

Seit einiger Zeit betonen zahlreiche Unternehmen ihr Engagement für mehr Diversität unter den Beschäftigten[3]. Diversitätspolitik ist nicht nur eine Notwendigkeit, um die größer gewordene Buntheit in unserer Gesellschaft möglichst konfliktfrei zu gestalten. Es geht sicherlich auch darum, die besten Leute zu gewinnen. Diversitätsmerkmale wie ihr Alter, ihr Geschlecht oder ihre geschlechtliche Identität sollen dabei keine Rolle spielen. Das gilt auch für die Herkunft und unabhängig davon ob sie behindert sind, welcher Religion sie anhängen und welche sexuelle Orientierung sie besitzen. Mir geht es hier aber um etwas anderes: Diversität steht auch dafür, dass die Personen unterschiedliche Erfahrungen einbringen, die aus anderen Kontexten, möglicherweise auch aus anderen Organisationen stammen. Zu diesen Erfahrungen kommt hinzu, dass eine bunte Belegschaft auch über diversere Netzwerke verfügt. Über diese Netzwerke kann eine Organisation auf einen wesentlich größeren Pool an Wissen und Ideen zurückgreifen. Das kann ein großer Vorteil sein, insbesondere dann, wenn es sich um innovative Unternehmen handelt. Es soll aber nicht verschwiegen werden, dass Diversität sicherlich auch Probleme mit sich bringt. Es wird gesagt, dass Verständigungs- und Aushandlungsprozesse aufwendiger sind, als wenn es sich um homogene Mitarbeiterschaften handelt.

Abgesehen von solchen ganz konkreten Problemen ist die Übertragung zwischen Organisationen noch aus einem anderen Grund bedeutend. Das wurde bereits im vorhergehenden Absatz angedeutet. Es geht dabei um den Zusammenhalt einer Gesellschaft und dabei speziell um die Hervorbringung einer gemeinsamen Kultur. Diese Kultur besitzt organisationsübergreifende Elemente, die sich in Routinen der Verwaltung zeigen. Man kann solche Elemente auch bei der Art und Weise, wie Entscheidungen vorbereitet, Sitzungen abgehalten und dort

---

[3] Beispielsweise die Commerzbank https://www.commerzbank.de/nachhaltigkeit/mitarbeitendegesellschaft/mitarbeitende/diversity-inclusion/ (15.12.2023). Das trifft aber nicht nur auf die genannte Bank zu. McKinsey bringt regelmäßig Berichte heraus, die aufzeigen, dass Unternehmen mit diverseren Leitungsebenen einen besseren Unternehmenserfolg zu verzeichnen haben (Hunt et al. 2020).

Abstimmungen durchgeführt werden, beobachten. Geschäftsordnungen, wie man sie aus der öffentlichen Verwaltung kennt, werden hierfür adaptiert. Damit zieht auch in Bereichen, die es eigentlich gar nicht unbedingt nötig hätten, eine bestimmte Verwaltungskultur ein bzw. Elemente solcher Vorgehensweisen werden übertragen und den Bedürfnissen im anderen Bereich angepasst. Mit dieser Übertragung, die nicht 100-%ig genau erfolgen kann und somit überall ein Stück weit variiert wird, entsteht dennoch eine Art gegenseitige Anpassung, sodass man von Kultur reden kann. Das Gebaren in manchen Vereinen mag manchmal dadurch so bürokratisch wirken, dass sich diese als Objekt der Karikatur anbieten.

Zur Beschreibung des unterliegenden Prozesses bietet sich ein Vergleich mit den Überlegungen zur Überschneidung von sozialen Kreisen an: Gehen wir davon aus, dass es stimmt, dass es Beziehungen zwischen den verschiedenen sozialen Kreisen gibt. Diese Beziehungen werden dadurch sichergestellt, dass Personen sich in unterschiedlichen Kreisen bewegen. Durch diese Überschneidung können diese Personen auch ihre kulturellen Tools, also ihre Kultur einbringen. Zur Kultur gehören dann neben Werten, Normen, Verhaltensweisen und dem Symbolverständnis, wie man es bei Ann Swidler (1986) lesen kann, auch komplexere Formbestandteile, z. B. über Routinen oder den Aufbau von Organisationen[4]. Man kann also sagen, dass sich bei Überschneidung des Personals die Kulturen, die in den verschiedenen sozialen Kreisen ja auch immer für sich entwickelt werden, nicht zu weit auseinandertreiben. Die unterschiedlichen Kulturen bleiben durch gemeinsame Mitgliedschaften auf diese Weise miteinander verbunden. Dennoch entsteht in der Moderne zunehmend kultureller Pluralismus, weil sich die Kreise, in denen die Menschen verkehren, immer weiter auffächern.

---

[4] Ich möchte nicht verschweigen, dass diese Aushandlungen und Übertragungen keineswegs nur auf vor Ort ausgehandelten und untereinander übertragenen Routinen beruhen, die man als Mikrokulturen bezeichnen könnte. Vielmehr erfordern beispielsweise Verwaltungsvorschriften und Satzungen gewisse formale Angleichungen, weil diese gesetzgeberisch vorgeschrieben sind. Dennoch dürften die Spielräume mit solchen Vorgaben umzugehen, gewaltig sein. Die beobachtete Nähe hinsichtlich der Kulturen erklärt sich kaum allein und nicht einmal wesentlich durch die Vorschriften der Gesetzgebung.

Fazit

Die zwölf Grundannahmen sind aus meiner Sicht so bedeutend, dass ich diese hier einmal an einem Stück und in aller Kürze beschreiben wollte. Viele der hier vorgetragenen Überlegungen finden sich auch bereits in anderen meiner Publikationen (Stegbauer 2016, 2018, 2023, aber auch schon weit früher, beispielsweise 2001). Die Idee des Buches war es, kompakt die wichtigsten Grundannahmen der Netzwerkforschung aufzuzeigen. Diese entstammen meinen Erfahrungen auf diesem Wissenschaftsgebiet und sie reflektieren die Art und Weise, wie man dort versucht, soziologisch zu denken. Es handelt sich also um eine Einladung, sich ebenfalls mit der Netzwerkforschung zu beschäftigen. Es ging also darum, Grundgedanken dieses Forschungsfeldes in relativ kurzen grundlegenden Annahmen festzuhalten. Ich hoffe, es ist gelungen, diese auf eine lesenswerte Weise darzustellen.

Der Zusammenhang der grundlegenden Annahmen

Ich denke, es könnte hilfreich sein, an dieser Stelle noch ein Wort darüber zu verlieren, wie die hier aufgeführten grundlegenden Überlegungen zusammenhängen. Ich habe aber schon an zahlreichen Stellen auf Zusammenhänge hingewiesen, manchmal wurden diese bei der Behandlung der verschiedenen Annahmen auch nur angedeutet. Gehen wir also hier noch einmal ganz kurz verschiedene der Aussagen dieses Buchs gemeinsam durch und beachten dabei auch noch einmal besonders die Punkte, an denen Beziehungen zwischen den grundlegenden Aussagen vorhanden sind.

Zunächst einmal handelt es sich um Aussagen zum Gebiet der Netzwerkforschung selbst und/oder zu sozialen Grundprinzipien, die etwas mit diesem Gebiet der Forschung zu tun haben. Alle Annahmen dienen der Begründung der Notwendigkeit oder doch zumindest dem Aufzeigen der Bedeutung eines relational-netzwerkforscherischen Vorgehens. Hiermit beschäftigt sich die erste Annahme. Diese fokussiert auf die Beziehung und die Notwendigkeit der Betrachtung von Struktur. Damit diente sie auch der grundlegenden Begründung der Netzwerkforschung und dem Aufzeigen der Unterschiede zwischen Netzwerkforschung und konventioneller Sozialforschung.

Wie Netzwerkforschung vorgeht und welche Gedanken sich die Leute dabei machen, das wird sicherlich nicht nur in der ersten, sondern beispielsweise auch in der achten Annahme zur kognitiven Sozialstruktur deutlich. Auch die elfte Annahme thematisiert in besonderer Weise eine andere Methode, die in der Netzwerkforschung ebenfalls häufig angewendet wird. Die ganz grundlegende Annahme (eins) besagt, dass es nicht um den Einzelnen geht, sondern um Beziehungen bzw. in größeren Zusammenhängen um die Struktur von Beziehungen. Die achte Annahme berichtet davon, welche Wirkung das Wissen über Beziehungen anderer für die Sozialität entfaltet. Kenntnisse darüber sind oftmals wichtiger als die Explikation der direkten Beziehungen, die man besitzt. Aus den Kenntnissen über die Beziehungen zwischen den anderen, die uns umgeben, lässt sich ebenso wie aus der ersten

Annahme (der Fokussierung auf die Struktur der Beziehungen) ein bestimmtes forscherisches Vorgehen ableiten. Das gilt für die Forschungstreibenden, für alle anderen ist der Unterschied von Bedeutung zwischen der Struktur der individuellen Beziehungen auf der einen Seite. Die Erfassung der individuellen Beziehungen beruht normalerweise auf Selbstauskünften. Das ist das, was man meistens gezeigt bekommt, wenn Beziehungen einem in visualisierter Form präsentiert werden. Auf der anderen Seite steht das, was man glaubt oder weiß, wer alles in einem Netzwerk in Beziehung miteinander steht. Diese Informationen bekommt man eher selten zu Gesicht, sie sind aber für die Art und Weise wie wir uns verhalten, wichtiger als der erste Typ des Netzwerks. Den ersten Typ des Netzwerks sehen nämlich nur die Forschenden und diejenigen, denen diese Forschung präsentiert wird. Für einzelne Personen und deren Verbindungen ist aber das Wissen um die Beziehungen der anderen von ungleich größerer Bedeutung. Obgleich beides Arten der Netzwerkerhebung sind, ist jenseits der Forschung nur die eine in unserem Alltag für uns von Bedeutung.

Aus Sicht der Netzwerkforschung gilt etwas Ähnliches für die elfte Annahme. Hierbei handelt es sich um eine weitere Art des Vorgehens bei der Untersuchung von Netzwerken (hier die dritte)[1]. Bei der einfachsten (1.) Form der Erhebung geht man der Frage nach, mit wem eine Person in Verbindung steht, und kumuliert diese einzelnen Beziehungen dann zu einem gesamten Netzwerk auf. Eine weitere Erhebungsart (die 2. Form) beschäftigt sich damit, was man über die Verbindungen der anderen in einem Netzwerk weiß bzw. welche Vorstellungen die Personen im Netzwerk darüber besitzen. Hier kann man fragen, welche Personen besonders viel von den Beziehungen der anderen wissen oder von welcher Position aus bestimmte Beziehungen wahrgenommen werden. Aber auch bei der kognitiven Sozialstruktur kann man die entstehenden Sichtweisen der Netzwerke kumulieren, um herauszubekommen, welche Beziehungen besonders sichtbar sind. Die dritte Version (die 3. Form) der Forschung beruht darauf, was die Forschenden

---

[1] Ich hoffe, die vielen Zahlen verwirren nicht so sehr. In diesem Absatz zähle ich die verschiedenen Herangehensweisen der Netzwerkforschung auf.

über die Teilnahme an Events wissen. Hierzu ist keine Befragung derjenigen, die an solchen Events teilgenommen haben, notwendig. Die Informationen beruhen meist auf Dokumenten, die irgendwo auffindbar sind. Die Informationen über die Verbindungen der Personen untereinander oder der Events miteinander lässt sich dann aus diesen Listen heraus extrahieren. Hierbei handelt es sich um die indirekteste Möglichkeit der Erfassung von Netzwerkstrukturen. Allerdings ist einer der Nachteile dieser Form der Konstruktion von Netzwerken, dass wir eben nur auf Beziehungen schließen können. Wir haben normalerweise keine Bestätigung für die Beziehungen von den beteiligten Personen vorliegen. Ein Vorteil allerdings im Vergleich zu den anderen Möglichkeiten, Netzwerkforschung zu betreiben, ist, dass wir nicht unbedingt auf das Gedächtnis, die Wahrnehmungsfähigkeit oder die Akkuratesse von befragten Personen angewiesen sind. Solche Netzwerke lassen sich sogar aus historischen Unterlagen rekonstruieren.

Ich möchte nicht verschweigen, dass es auch noch eine vierte grundsätzliche Möglichkeit der Netzwerkforschung gibt, die ich in diesem Buch aber nur gestreift habe. Vielleicht wird diese vierte Möglichkeit sogar am häufigsten angewendet, denn sie ist am wenigsten voraussetzungsreich. Es handelt sich um die Erhebung von persönlichen Netzwerken. Man nennt diese auch egozentrierte Netzwerkforschung. Wenig voraussetzungsreich bedeutet, dass sich solche individuellen Netzwerke auf einfache Weise erheben lassen. Ich kann nämlich beliebige Personen nach „ihrem" Netzwerk mithilfe eines Netzwerkgenerators fragen. Man kann auch durch eine Stimulation für eine Erzählung die Interviewten dazu bringen, Auskünfte über ihre Beziehungen zu geben. Eines der Probleme ist hier aber, dass es sich eigentlich bei dieser Art der Forschung um isolierte Inseln mit persönlichen Beziehungen handelt. Daraus lässt sich zunächst lediglich ein Stern konstruieren. Darin steht dann Ego in der Mitte und die Beziehungen, die mit dieser Mitte in Verbindung stehen, bilden die Strahlen. Um auch die Struktur solcher persönlicher Netzwerke zu erfassen, kann man auch nach den Verbindungen der Beziehungspersonen untereinander fragen. Nur hier ist sozusagen eine Art erhebungstechnischer Übergang zwischen der ersten und der zweiten Methode der Netzwerkerhebung. Die direkten Beziehungen entsprechen der Erfassung von Gesamtnetzwerken (nur dass man in Gesamtnetzwerken die direkten Beziehungen von allen Beteiligten integriert). Die Frage nach den Beziehungen zwischen den anderen im persönlichen Netzwerk entspricht dann aber eher der Vorgehensweise, die wir anwenden, wenn wir uns für die kognitive Sozialstruktur interessieren. Es werden also zwei Erhebungsarten miteinander vermischt. An manchen Stellen mag das nicht problematisch sein, allerdings ergibt sich ein weiteres Problem: Die Darstellung der Beziehungen ist immer einseitig und diese kann nicht durch die Angabe von Beziehungen durch die anderen Personen im Netzwerk kontrolliert werden.

Andere der genannten zwölf Annahmen in diesem Büchlein helfen bei der Erklärung der Strukturen, die sich durch Netzwerkforschung aufdecken lassen. So die dritte Annahme, die aufzeigt, welche Arten von Strukturen regelmäßig entstehen bzw. welche überhaupt möglich sind. Diese Annahme fokussiert zunächst auf die Zahl der beteiligten Personen. Dabei zeige ich auch auf, welchen Restriktionen diese Beziehungen unterliegen. Es geht dabei um Zahlen, etwa den Übergang von zwei zu dreien. Dieser Übergang ist etwas ganz Grundsätzliches, weil auf diese Weise klar wird, welche Bedeutung die Möglichkeit der Bildung von Beziehungsstrukturen besitzt. Eine solche Betrachtung hilft dabei, grundsätzlich die Wirkung von Strukturkonstellationen zu verstehen. Was allerdings bei diesen Betrachtungen fehlt, ist der Kontext, in dem sich die in dieser Annahme betrachteten kleinen Zahlen an Knoten befinden. Es reicht nicht aus, wenn man deren Einbettung vernachlässigt. Hier tut sich also eine Lücke auf. Dieser Spalt, wenn man so sagen will, wird von einer weiteren Annahme gefüllt, nämlich der Annahme neun. In dieser grundlegenden Annahme wird behauptet, dass der Beziehungskontext darüber entscheidet, was sich in kleineren Konstellationen, wie Zweierbeziehungen oder auch solchen mit dreien abspielt. Der Kontext ist nämlich nichts anderes als die strukturelle Einbettung von Personen mit ihren Beziehungen. Die Strukturen, in die wir eingebettet sind, bestimmen nämlich mit, wie wir unsere Beziehungen ausgestalten. Die anderen Leute, so könnte man es auch ausdrücken, wachen darüber, wie wir mit den Personen umgehen, mit denen wir zusammen sind. Klassischerweise ging es dabei um die häusliche Arbeitsteilung. Man behauptete, was also der Mann und die Frau im Haushalt an Arbeiten übernehmen, das sei abhängig davon, wie weit die Freunde und die Familie eingreifen können. So etwas Ähnliches kann man sich auch heute noch vorstellen, etwa wenn es um Fragen der Kindererziehung geht. Auch bei solchen Aushandlungen bestimmen andere mit. Diese Einflussnahme erfolgt nicht nur direkt, indem sich Personen einschalten und die Eltern korrigieren, wenn diese aus ihrer Sicht etwas verkehrt machen; das Ganze funktioniert eigentlich auch noch wesentlich subtiler, indem man sich im eigenen Umfeld abschaut, wie die anderen mit ihren Kindern umgehen. Wenn dann evtl. auch hinter deren Rücken darüber geredet wird, dann kann man solche Gespräche auch gleichzeitig als Aushandlungen darüber ansehen, was unter korrekter Erziehung zu verstehen ist.

In eine ähnliche Richtung stößt auch die fünfte Annahme, die sich mit Strukturation, also den Restriktionen der Möglichkeit der Begegnung von Menschen befasst. Man könnte sagen, es geht bei dieser Annahme darum, in welchem Netzwerk man landet. Auf die Spitze getrieben steckt in dieser Aussage, dass es uns eher mehr als weniger vorbestimmt ist, mit wem wir überhaupt zusammenkommen können. Erst durch die Überlegungen zur Strukturation kann man verstehen, wer überhaupt die Chance hat, miteinander in Kontakt zu kommen. Anders herum besagt diese Annahme, dass bestimmte Menschen so gut wie nie aufeinandertreffen werden. Falls dies doch einmal geschieht, so wird daraus häufig ein Stoff, der sich typischerweise in Romanen oder Filmen wiederfindet. Es handelt sich um so seltene Begegnungen, dass diese uns ziemlich interessant vorkommen. Die sechste Annahme behandelt eine andere Art von Restriktion, nämlich, welche Einschränkungen uns von der Struktur des Netzwerkes, in das wir kommen, aufgebürdet werden. Auch das ist gar nicht so sehr selbstbestimmt, denn je nachdem, an welcher Stelle man sich im Netzwerk befindet, hat man mehr oder weniger Einfluss auf die Gestaltung der Beziehungen. Selbst das Wollen einer Person, mit anderen im Netzwerk in Kontakt zu kommen, reicht nicht aus, wenn man beispielsweise zur falschen Clique gehört oder auch nur mit dieser in Verbindung gebracht wird. Es könnte auch sein, dass man mit den falschen Personen befreundet ist. So ergibt die eine Struktur die nächste und darauf können wir individuell nur sehr begrenzt Einfluss nehmen. Neben der Gestaltung geht es auch darum, ob die

Informationen, die in Netzwerken weitergegeben werden, einen überhaupt erreichen. Beide Grundannahmen, die fünfte und die sechste, stehen also darüber miteinander in Verbindung, als dass sie beide Restriktionen behandeln. Freilich liegen die Restriktionen auf unterschiedlichen Ebenen – ihre Wirkung kann aber an einigen Stellen sehr ähnlich sein.

Eine Idee bei der Anordnung der Grundannahmen in diesem Buch ist, dass diese aufeinander aufbauen sollten. Die nächste Grundannahme sollte – so gut es geht – immer die Idee der davorliegenden aufnehmen. In einem strengen Sinn ließ sich das aber nicht vollständig durchhalten. Zu sehr sind einige der Annahmen miteinander verquickt oder es lassen sich zumindest so viele Querverbindungen finden, die sich nicht eindeutig einem solchen Schema unterordnen wollen. Allerdings ist das Buch kurz genug, verschiedene Aspekte im Sinn zu behalten. Ich denke mir, dass ich es durchaus auch den Leserinnen und Lesern überlassen kann, weitere Bezüge zwischen den grundlegenden Annahmen selbst zu erkennen oder für sich aus den Inhalten zu konstruieren. Regeln für die Entstehung oder Wirkung von Struktur stehen aber nicht für sich, sondern ihre Prinzipien sind miteinander verwoben, sie sind miteinander in Verbindung und wirken zusammen.

Die Ordnung der Grundannahmen in diesem Band

Zwar hat die Netzwerkforschung immer noch kein völlig einheitliches theoretisches Gerüst hervorgebracht. Das ist aber aus meiner Sicht gar nicht schlimm, denn über ein paar Grundannahmen und über einen Teil der Methoden der Netzwerkanalyse lassen sich genügend Übereinstimmungen finden. Diese sind zwar nicht immer völlig ineinanderpassend, aber sie besitzen genügend Kohärenz, um ein einigermaßen einheitliches Forschungsgebiet abzustecken. Die Erkenntnisse sind durchaus miteinander kompatibel, auch wenn sie teilweise auf unterschiedlichen theoretischen Fundamenten stehen mögen. Nun, davon wird man wenig in diesem Buch merken, denn ich habe versucht, die Annahmen für mich miteinander kompatibel darzustellen. Sie sind es auch aus meiner eigenen Anschauung und Erfahrung, die ich in mittlerweile fast dreißigjähriger Auseinandersetzung mit dem Thema gesammelt habe. An dieser Stelle sei das persönlich gemeint, denn damit ist nicht gesagt, dass alle anderen Forschenden genau dieselben hier genannten Grundannahmen teilen. Trotz dieses Einwandes würde ich behaupten wollen, dass es eine große Schnittmenge mit den Annahmen der überwiegenden Zahl der Forschenden auf dem Gebiet der Netzwerkforschung gibt. Es finden sich also genügend Übereinstimmungen, um es zu rechtfertigen, dieses Buch als eine Art kurze Einführung in das Gebiet gelten zu lassen.

Die große Anzahl an angenommenen Übereinstimmungen der anderen Forschenden, hilft aber auch, sich über die Grenzen von einzelnen Disziplinen hinweg zu verständigen. Das gilt auch dann, wenn die anderen Disziplinen selbst über differierende empirische und theoretische Grundlagen verfügen. Über einen gewissen Kern dessen, was Netzwerkforschung ist und was grundlegende Annahmen dieses Gebietes sind, sind sich viele der in dieser Disziplin tätigen Wissenschaftler einig. Über Einzelheiten hingegen lässt sich sicherlich dann auch streiten. Wir wissen ja, dass die Möglichkeit zum Streit zunächst einmal genügend Wissen voraussetzt. Zudem ist es für ein Paradigma, wie das der Netzwerkforschung sinnvoll, nicht bis ins Letzte ausdefiniert zu sein. Gewisse Unschärfen zu tolerieren, hilft dabei, zusammenzuarbeiten. Wobei man sich dann sicherlich auch ab und zu über das Verständnis der Begriffe noch einmal genauer auseinandersetzen muss. Darüber hinaus ist eine nicht zu genaue Grenzbestimmung immer dann hilfreich, wenn man im Forschungsgebiet bis in seine Grenzen vorstoßen oder diese gar verschieben möchte. Das sind aber grundsätzliche Erwägungen, die nicht im Zentrum dieses Büchleins stehen.

Das Faszinierende an der Netzwerkforschung

Ich selbst verstehe mich als Soziologen und Netzwerkforscher! Dieser Band soll aber möglichst über die Grenzen meines Fachgebiets hinaus eine Leserschaft finden. Er möge jenseits der wissenschaftlichen Fachrichtungen auch als Einladung gelesen werden, sich mit dem Thema zu beschäftigen und einmal in das Denken hineinzuschnuppern. Für mich gilt, und das stimmt auch für viele andere Forschende, die ich kenne: Das Gebiet der Netzwerkforschung ist ein sehr faszinierendes Feld. Um einzudringen und die Überlegungen nachvollziehen zu können, muss man an einigen Stellen sein Denken verändern. Mir ist es auch so gegangen. Das war öfters gar nicht so einfach, diesen gedanklichen Switch hinzubekommen. An manchen Stellen macht das etwas mit einem. Es entstehen Einsichten, die ohne das Eindringen in das Denkgebäude der Netzwerkforschung nicht möglich gewesen wären. Wahrscheinlich sind es solche Einsichten, die bis zu einem gewissen Grad eine Art von „Suchtfaktor" darstellen, so interessant erscheint einem das Feld, in das man sich dabei begibt. Es ist schwer, wenn man sich erst einmal hineingefunden hat, davon wieder loszukommen. So betrachten Sie das Buch mit dem Dutzend Grundannahmen als eine Einladung, sich als Leserinnen und Leser auch selbst anstecken zu lassen. Ich hoffe, das Eindringen in das Gebiet hat Ihnen Spaß gemacht und es hilft dabei, die hier beschriebene Denkweise zumindest für den Moment zu übernehmen. Ich hätte auch nichts dagegen, wenn es mir gelungen wäre, Sie zumindest mit einer kleinen Viruslast auszustatten. Ich weiß, dass dieses Wording gerade nach der großen Pandemie etwas belastet ist.

Das in diesem Absatz Gesagte passt eigentlich nicht so richtig in den wissenschaftsorientierten Zusammenhang, weil es sich um eine zutiefst subjektive Aussage handelt. Dennoch möchte ich das an dieser Stelle Geschriebene nicht zurücknehmen. Ich halte es nicht für verwerflich, eine gewisse Leidenschaft für das eigene Wissenschaftsgebiet zu entwickeln. Im Gegenteil, Wissenschaft ohne ein gewisses Maß an Leidenschaft wirkt blutleer. Eine solche Wissenschaft wird niemanden hinter dem Ofen hervorlocken. Ohne diese kann man sich nicht über eine so lange Zeit mit den Denkweisen auseinandersetzen. Eine rein instrumentelle Haltung ist nicht hinreichend. Aber Achtung, die Einladung ist zunächst einmal ganz freundlich gemeint. Die Lektüre soll nicht schwirig sein, ob sich die Leidenschaft einstellt, steht auf einem anderen Blatt und ist sicherlich auch noch von anderen Dingen abhängig.

Das Nachdenken und das Forschen sind beides ja auch auf ihre Art mühselige Angelegenheiten, sie halten jedoch auch Belohnungen bereit. Diese Belohnung stellt sich allerdings nur manchmal ein, man kann sie mit dem Begriff „Glück", glaube ich, ganz treffend beschreiben. Das Glück hat etwas mit dem Eros der Erkenntnis zu tun, wenn einem im Zuge der Beschäftigung mit einem Thema plötzlich Einsichten kommen. In diesem Sinne würde ich mich freuen, wenn Sie diese Form der Erotik ebenfalls erfasst und dieser Eros zumindest gelegentlich auch von Ihnen Besitz ergreift!

Was das Buch Ihnen gebracht hat

- Durch die Lektüre des Buches sind Sie mit den wichtigsten Grundannahmen der Netzwerkforschung vertraut geworden. Nach dem Lesen wissen Sie, wie man in diesem Wissenschaftsgebiet denkt. Viele der Denkweisen können Sie außer für die Wissenschaft auch benutzen, um Ihr eigenes Verhalten und das der anderen zu reflektieren. Es ging um die Repräsentation von Knoten und Kanten in der Netzwerkforschung und um eine Definition von Netzwerken. Diese Definition bezieht sich vor allem auf eine rein formale Darstellung von Beziehungen und deren Strukturen.
- Sie haben gelesen, wie sehr Beziehungsstrukturen unser Verhalten beeinflussen. Auch wenn wir es gar nicht merken, ist dieser Prozess ein gegenseitiger: Die anderen Menschen besitzen eine Wirkung auf uns, wie auch wir selbst an diesem Prozess bei den anderen beteiligt sind. Das bezieht sich nicht nur auf Ess- oder Trinkgewohnheiten oder das Rauchen, damit sind alle Verhaltensweisen gemeint. Das Besondere und auch Faszinierende dabei ist, dass so vieles passiert und auf uns Einfluss nimmt, was unserem Erleben gar nicht oder nur sehr schwer zugänglich ist. Eigentlich müsste das auch für unseren Alltag von großer Relevanz sein; für die Wissenschaft bedeutet es, dass Befragungen oder Interviews nur einen begrenzten Nutzen haben.

Vieles von dem, wonach Leute sehr oft im Kontext wissenschaftlicher Untersuchungen gefragt werden, können diese gar nicht wissen. Die gesuchten Antworten verbergen sich hinter dem Rücken der Menschen. Das ist auch der Grund dafür, dass sie darüber keine Auskunft geben können.

- Das Buch hat Sie über die Bedeutung verschiedener Stärkegrade von Beziehungen aufgeklärt. Sie haben erfahren, dass starke Beziehungen für soziale Unterstützung zuständig sind, schwache Beziehungen dafür sorgen, uns mit neuen Informationen in Kontakt zu bringen. Superschwache Beziehungen hingegen helfen dabei, etwas über das Verhalten in den verschiedensten Situationen zu lernen. Dadurch, dass wir uns Verhalten abschauen, entsteht erst so etwas wie eine gemeinsame Kultur in der Gesellschaft, in der wir zusammenleben, welche über die engeren Beziehungen hinausgreift.
- Nach der Lektüre dieses Buches haben Sie etwas über das Verhältnis von Kultur und Netzwerken erfahren. Hierdurch wird es Ihnen möglich, den bedeutenden Einfluss, den Netzwerkstrukturen auf die kulturelle Entwicklung besitzen, besser abschätzen zu können. Natürlich gilt das auch in umgekehrter Richtung. Auch die Kultur nimmt Einfluss auf die Struktur, etwa dadurch, dass sich bestimmte Beziehungen aufgrund kultureller Hemmnisse nicht ausprägen. D. h. auch der Kultur gebührt ein Anteil an der Ausformung von Netzwerken.
- Sie haben etwas über die Kognitive Soziale Struktur (CSS) erfahren. Dabei geht es darum, warum das, was wir über die Beziehungen zwischen den anderen Personen um uns herum wissen, so wichtig ist. Diese sind im Alltag von uns allen jedenfalls wichtiger, als die von der Netzwerkforschung erfassten Gesamtnetzwerke. Der Grund dafür ist, dass wir uns im Alltag lediglich an diesem Wissen orientieren können. Es sorgt dafür, dass wir uns im sozialen Umfeld erst sicher bewegen können.
- Im Buch wurde erklärt, wie die Netzwerkforschung mittels bimodaler Netzwerke Beziehungen erfassen kann und daraus Strukturen ableitet, ohne die Menschen direkt fragen zu müssen. Das funktioniert darüber, dass wir Informationen über die Beteiligung an

Events oder Listen über Teilnahmen an Veranstaltungen oder Ähnliches zu Verfügung haben. Diese Konstruktion von Netzwerken funktioniert, indem unterschiedliche Modi miteinander verknüpft werden. Bei den beiden Modi handelt es sich auf der einen Seite meist um Personen und auf der anderen Seite beispielsweise um bestimmte Merkmale, wie den Besuch von Veranstaltungen.

Literatur

Barton, Allen H. (1968): Bringing Society Back In. Survey Research and Macro-Methodology. In: *American Behavioral Scientist* 12 (2), S. 1–9.
Becker, Howard S. (1956): Man in reciprocity: introductory lectures on culture, society and personality. New York: Praeger.
Bott, Elizabeth (1957): Family and social network. Roles, norms, and external relationships in ordinary urban families. London: Travistock.
Bourdieu, Pierre (1992): Die feinen Unterschiede. Kritik der gesellschaftlichen Urteilskraft. 5. Aufl. Frankfurt am Main: Suhrkamp.
Breiger, Ronald L. (1974): The Duality of Persons and Groups. In *Social Forces* 53 (2), pp. 181–190. DOI: https://doi.org/10.2307/2576011.
Breithaupt, Fritz (2009): Kulturen der Empathie. Frankfurt am Main: Suhrkamp.
Bude, Heinz (2024): Abschied von den Boomern. München: Hanser, Carl.
Burt, Ronald S. (1992): Structural holes. The social structure of competition. Cambridge, Mass.: Harvard University Press.
Cartwright, Dorwin; Harary, Frank (1956): Structural Balance: A Generalization of Heider's Theory. In: *Psychological Review* 63, S. 277–293.
Collins, Randall (2005): Interaction ritual chains. Princeton, N.J: Princeton University Press.
Chase, Ivan D.; Coelho, Darius; Lee, Won; Mueller, Klaus; Curley, James P. (2022): Networks never rest: An investigation of network evolution in

three species of animals. In *Ethical Dilemmas in Social Network Research* 68, pp. 356–373. DOI: https://doi.org/10.1016/j.socnet.2021.09.002.

Christakis, Nicholas A.; Fowler, James H. (2007): The Spread of Obesity in a Large Social Network over 32 Years. In *New England Journal of Medicine* 357 (4), pp. 370–379. DOI: https://doi.org/10.1056/NEJMsa066082.

Christakis, Nicholas A.; Fowler, James H. (2008): The Collective Dynamics of Smoking in a Large Social Network. In *New England Journal of Medicine* 358 (21), pp. 2249–2258. DOI: https://doi.org/10.1056/NEJMsa0706154.

Davis, Allison; Gardner, Burleigh B.; Gardner, Mary R. (2009, zuerst 1941): Deep south. A social anthropological study of caste and class. Pbk. ed. Columbia, S.C.: University of South Carolina Press (Southern classics series).

DiMaggio, Paul (1992): Nadel's Paradox Revisited: Relational and Cultural Aspects of Organization Structure. In: Nohria, Eccles (Hg.) Networks and organizations, pp. 118–142.

Dunbar, R. I. M. (1993): Coevolution of neocortical size, group size and language in humans. In: *Behavioral and Brain Sciences* 16 (4), S. 681–735. Online verfügbar unter http://nevarchivum.klte.hu/tananyag/dunbar.htm, zuletzt geprüft am 07.03.2012.

Durkheim, Émile (1897): Le suicide. Étude de sociologie. Paris: Alcan (Bibliothèque de philosophie contemporaine).

Emirbayer, Mustafa; Goodwin, Jeff (1994): Network Analysis, Culture, and the Problem of Agency. In *American Journal of Sociology* 99 (6), pp. 1411–1454. DOI: https://doi.org/10.2307/2782580.

Erdős, P.; Rényi, A. (1959): On Random Graphs. I. In *Publicationes Mathematicae* 6 (3–4), pp. 290–297.

Feld, Scott L. (1991): Why Your Friends Have More Friends Than You Do. In *The American Journal of Sociology* 96 (6), pp. 1464–1477. Available online at http://www.jstor.org/stable/2781907.

Fine, Gary Alan (1979): Small Groups and Culture Creation: The Idioculture of Little League Baseball Teams. In American Sociological Review 44 (5), pp. 733–745. DOI: https://doi.org/10.2307/2094525.

Freeman, Linton C. (1978): Centrality in social networks conceptual clarification. In *Social Networks* 1 (3), pp. 215–239. DOI: https://doi.org/10.1016/0378-8733(78)90021-7.

Freeman, Linton C. (2003): Finding social groups: A meta-analysis of the Southern Women data. In Ronald L. Breiger, Kathleen M. Carley, Philippa Pattison (Eds.): Dynamic Social Network Modeling and Analysis. Workshop summary and papers. Washington, D.C: National Academies Press, pp. 39–77.

Freeman, Linton C.; Webster, Cynthia M. (1994): Interpersonal Proximity in Social and Cognitive Space. In *Social Cognition* 12 (3), pp. 223–247. DOI: https://doi.org/10.1521/soco.1994.12.3.223.

Friedkin, Noah E. (1983): Horizons of Observability and Limits of Informal Control in Organizations. In: *Social Forces* 62 (1), S. 54–77. https://doi.org/10.2307/2578347.

Giddens, Anthony (1984): The constitution of society. Outline of the theory of structuration. Berkeley: University of California Press.

Goffman, Erving (1974): Frame Analysis: An Essay on the Organization of Experience. New York.

Granovetter, Mark S. (1973): The Strength of Weak Ties. In *American Journal of Sociology* 78, pp. 1360–1380.

Granovetter, Mark S. (1974): Getting a job. A study of contacts and careers. Cambridge Mass.: Harvard Univ. Press.

Granovetter, Mark S. (1982): Alienation Reconsidered: The Strength of Weak Ties. In *Connections* 5 (2), pp. 4–16.

Guare, John (2010): Six degrees of separation. London: Methuen Drama.

Heider, Fritz (1946): Attidudes and Cognitive Organization. In: *Journal of Psychology* 21, S. 107–112.

Heider, Fritz (1958): The psychology of interpersonal relations. New York: Wiley.

Homans, George Caspar (1951): The human group. London: Routledge & K. Paul (International library of sociology and social reconstruction).

Homans, George Caspar (1960): Theorie der sozialen Gruppe. Köln: Westdeutscher Verl.

Hunt, Vivian; Dixon-Fyle, Sundiatu; Prince, Sara; Dolan, Kevin (2020): Diversity Wins. How inclusion matters. McKinsey & Company. Available online at https://www.mckinsey.de/~/media/mckinsey/locations/europe%20and%20middle%20east/deutschland/news/presse/2020/2020-05-19%20diversity%20wins/report%20diversity-wins-how-inclusion-matters%202020.pdf. (15.12.2023).

Kahn, Robert L.; Antonucci, Toni C. (1980): Convoys over the life course: Attachment, roles, and social support. In: P. B. Baltes und O. Brim (Hg.): Life-span development and behavior. New York: Academic Press (3), S. 254–283.

Klein, Thomas; Kopp, Johannes (Eds.) (1999): Scheidungsursachen aus soziologischer Sicht. Würzburg: Ergon-Verl. (Familie und Gesellschaft, Bd. 2).

Kleinfeld, Judith S. (2002): The small world problem. In *Society* (January/February), pp. 61–66.

Krackhardt, David (1998): Simmelian Ties: Super Strong and Sticky. In: Roderick Kramer und Margaret Neale (Hg.): Power and Influence in Organizations. Thousand Oaks, Ca: Sage, S. 21–38.

LaPiere, Richard T. (1934): Attitudes vs. Actions. In Social Forces 13 (2), pp. 230–237. DOI: https://doi.org/10.2307/2570339.

Lazarsfeld, Paul F.; Merton, Robert K. (1954): Friendship as a social process: a substantive and methodological analysis. In Morroe Berger (Ed.): Freedom and control in modern society. ... written in honor of Robert Morrison MacIver. New York [u.a.]: van Nostrand (The van Nostrand Series in Sociology), pp. 18–66.

Lévi-Strauss, Claude (1980): Mythos und Bedeutung. 5 Radiovorträge. Frankfurt am Main: Suhrkamp (Edition Suhrkamp, 1027).

Liljeros, Fredrik; Edling, Christofer R.; Amaral, Luís A. Nunes; Stanley, H. Eugene; Åberg, Yvonne (2001): The web of human sexual contacts. In *Nature* 411 (6840), pp. 907–908. https://doi.org/10.1038/35082140.

Lusseau, David; Schneider, Karsten; Boisseau, Oliver J.; Haase, Patti; Slooten, Elisabeth; Dawson, Steve M. (2003): The bottlenose dolphin community of Doubtful Sound features a large proportion of long-lasting associations. In *Behavioral Ecology and Sociobiology* 54 (4), pp. 396–405. DOI: https://doi.org/10.1007/s00265-003-0651-y.

Malinowski, Bronislaw (1984, zuerst 1922): Argonauten des westlichen Pazifik. Ein Bericht über Unternehmungen und Abenteuer der Eingeborenen in den Inselwelten von Melanesisch-Neuguinea. Frankfurt am Main: Syndikat.

McPherson, Miller; Smith-Lovin, Lynn; Cook, James M. (2001): Birds of a Feather: Homophily in Social Networks. In *Annual Review of Sociology* 27 (1), pp. 415–444. DOI: https://doi.org/10.1146/annurev.soc.27.1.415.

Milgram, Stanley (1963): Behavioral Study of Obedience. In *Journal of Abnormal and Social Psychology* 67, pp. 371–378.

Milgram, Stanley (1967): The Small-World Problem. In *Psychology Today*, S. 60–67.

Milgram, Stanley (1983): Zur Gehorsamsbereitschaft gegenüber Autorität. 22. Aufl. Reinbek b. Hamburg: RoRoRo.

Miller, George A. (1956): The magical number seven, plus or minus two: some limits on our capacity for processing information. In *Psychological Review* 63 (2), pp. 81–97. DOI: https://doi.org/10.1037/h0043158.

Mische, Ann; White, Harrison (1998): Between Conversation and Situation: Public Switching Dynamics across Network Domains. In *Social Research* 65 (3), pp. 695–724.

Nadel, Siegfried F. (1957): Theory of Social Structure. London: Routledge.
Oevermann, Ulrich (2002): Klinische Soziologie auf der Basis der Methodologie der objektiven Hermeneutik – Manifest der objektiv hermeneutischen Sozialforschung. Verfügbar unter https://www.ihsk.de/publikationen/Ulrich_Oevermann-Manifest_der_objektiv_hermeneutischen_Sozialforschung.pdf, zuletzt überprüft am 19.11.2023.
Radcliffe-Brown, Alfred R. (1940): On Social Structure. In *The Journal of the Royal Anthropological Institute of Great Britain and Ireland* 70 (1), pp. 1–12.
Rauch, Herbert (1983): Partizipation und Leistung in Großgruppen-Sitzungen. In: Friedhelm Neidhardt (Hg.): Gruppensoziologie. Perspektiven und Materialen. Opladen: Westdeutscher Verlag (Kölner Zeitschrift für Soziologie und Sozialpsychologie. Sonderheft, 25), S. 256–274.
Rausch, Alexander (2010): Bimodale Netzwerke. In: Christian Stegbauer, Roger Häußling (Eds.): Handbuch Netzwerkforschung: VS Verlag für Sozialwissenschaften, pp. 421–432.
Schnegg, Michael (2010): Ethnologie. In Christian Stegbauer, Roger Häußling (Hrsg.): Handbuch Netzwerkforschung: VS Verlag für Sozialwissenschaften, pp. 859–867.
Schnettler, Sebastian (2009): A structured overview of 50 years of small-world research. In *Social Networks* 31 (3), pp. 165–178. DOI: https://doi.org/10.1016/j.socnet.2008.12.004.
Schweizer, Thomas (1993): Perspektiven der analytischen Ethnologie. In: Thomas Schweizer, Margarethe Schweizer und Waltraud Kokut (Hg.): Handbuch der Ethnologie. [Festschrift für Ulla Johansen]. Unter Mitarbeit von Ulla Johansen. Berlin: Reimer Verl. (Ethnologische Paperbacks), S. 79–113.
Simmel, Georg (1908): Soziologie. Untersuchungen über die Formen der Vergesellschaftung. Leipzig: Duncker & Humblot.
Simmel, Georg (1917): Grundfragen der Soziologie. (Individuum und Gesellschaft). Berlin: de Gruyter (Sammlung Göschen).
Sproull, Lee; Kiesler, Sara (1991): Connections. New ways of working in the networked organization. Cambridge, Mass: MIT Press.
Stegbauer, Christian (1995): Electronic mail und Organisation. Partizipation, Mikropolitik und soziale Integration von Kommunikationsmedien. Göttingen: Schwartz.
Stegbauer, Christian (2001): Grenzen virtueller Gemeinschaft. Strukturen internetbasierter Kommunikationsforen. Wiesbaden: Westdt. Verl.
Stegbauer, Christian (2002): Reziprozität: Einführung in soziale Formen der Gegenseitigkeit. Wiesbaden: Westdt. Verl.

Stegbauer, Christian (2008): Die Invasion der Physiker – Naturwissenschaft und Soziologie in der Netzwerkanalyse. In Karl-Siegbert Rehberg, Dana Giesecke (Eds.): Die Natur der Gesellschaft. Verhandlungen des 33. Kongresses der Deutschen Gesellschaft für Soziologie in Kassel 2006. Frankfurt am Main: Campus-Verl., pp. 1060–1077.

Stegbauer, Christian (2010): Weak und Strong Ties: Freundschaft aus netzwerktheoretischer Perspektive. In Christian Stegbauer (Ed.): Netzwerkanalyse und Netzwerktheorie. Ein neues Paradigma in den Sozialwissenschaften. 2. Auflage. Wiesbaden: VS, Verl. für Sozialwiss, pp. 105–119.

Stegbauer, Christian (2012a): Strukturelle Ursachen der Entstehung von Ungleichheit in Beziehungsmedien. In Christian Stegbauer (Ed.): Ungleichheit. Medien- und kommunikationssoziologische Perspektiven. Wiesbaden: Springer VS, pp. 301–322.

Stegbauer, Christian (2012b): Divergenzen zwischen Netzwerkforscher- und Akteursperspektive. In: Marina Hennig und Christian Stegbauer (Hg.): Die Integration von Theorie und Methode in der Netzwerkforschung: VS Verlag für Sozialwissenschaften, S. 53–73. Online verfügbar unter https://doi.org/10.1007/978-3-531-93464-8_4.

Stegbauer, Christian (2012c): Situations, Networks and Culture—The Case of a Golden Wedding as an Example for the Production of Local Cultures. In *Forum: Qualitative Social Research* 14 (Art. 6). Available online at http://nbn-resolving.de/urn:nbn:de:0114-fqs130167.

Stegbauer, Christian (2014): Wissenschaftliche Aspekte der Datenqualität. In Christian König, Matthias Stahl, Erich Wiegand (Eds.): Soziale medien. Gegenstand und Instrument der Forschung (Schriftenreihe der ASI – Arbeitsgemeinschaft Sozialwissenschaftlicher Institute), pp. 53–71.

Stegbauer, Christian (2016): Grundlagen der Netzwerkforschung. Situation, Mikronetzwerke und Kultur. Wiesbaden: Springer VS.

Stegbauer, Christian (2018): Shitstorms. Der Zusammenprall digitaler Kulturen. Wiesbaden: Springer.

Stegbauer, Christian (2023): Superschwache Beziehungen: Was unsere Gesellschaft kulturell zusammenhält. Wiesbaden: Springer VS.

Stegbauer, Christian; Grubauer, Franz; Weyel, Birgit (2015): Gemeinde in netzwerkanalytischer Perspektive. Drei Beispielauswertungen. In Heinrich Bedford-Strohm, Volker Jung (Eds.): Vernetzte Vielfalt. Kirche angesichts von Individualisierung und Säkularisierung: die fünfte EKD-Erhebung über Kirchenmitgliedschaft. 1. Auflage. Gütersloh: Gütersloher Verlagshaus, pp. 400–434.

Stegbauer, Christian; Mehler, Alexander (2020): Ursachen und Entstehung von ubiquitären Zentrum-Peripheriestrukturen und ihre Folgen. In Sabine Maasen, Jan-Hendrik Passoth (Eds.): Soziologie des Digitalen – Digitale Soziologie? (Soziale Welt/Sonderband), pp. 265–284.

Stegbauer, Christian; Rausch, Alexander (2006): Die Position als Filter für die Wahrnehmung von Beziehungen. In Karl-Siegbert Rehberg (Ed.): Die Natur der Gesellschaft: Verhandlungen des 33. Kongresses der Deutschen Gesellschaft für Soziologie in Kassel 2006. Teilbd. 1 u. 2. Frankfurt am Main: Campus, pp. 3390–3408.

Stegbauer, Christian; Rausch, Alexander (2014): Soziale Beeinflussung in Mikronetzwerken am Beispiel der Erhebung von Markenpräferenzen mit dem „Tischmodell". In *Kölner Zeitschrift für Soziologie und Sozialpsychologie* 66 (1), pp. 77–94. DOI: https://doi.org/10.1007/s11577-013-0247-0.

Stegbauer, Christian; Schwab, Jürgen; Stegmann, Michael (1998): Blinde Flecken traditioneller Jugendhilfe. Eine empirische Studie zur Jugendhilfeplanung. Frankfurt am Main: dipa-Verlag.

Steinert, Heinz (1984): Das Interview als soziale Interaktion. In: Heiner Meulemann und Karl-Heinz Reuband (Hg.): Soziale Realität im Interview. Empirische Analysen methodischer Probleme. Frankfurt/Main, New York: Campus (Beiträge zur empirischen Sozialforschung), S. 17–59.

Straus, Florian (2010): Netzwerkkarten – Netzwerke sichtbar machen. In Christian Stegbauer, Roger Häußling (Eds.): Handbuch Netzwerkforschung: VS Verlag für Sozialwissenschaften, pp. 527–538.

Swidler, Ann (1986): Culture in Action: Symbols and Strategies. In American Sociological Review 51, pp. 273–286.

Teckenberg, Wolfgang (2000): Wer heiratet wen? Sozialstruktur und Partnerwahl. Wiesbaden: VS Verlag für Sozialwissenschaften.

Tilly, Charles (2006): Why? What happens when people give reasons ... and why? Princeton: Princeton University Press.

Tönnies, Ferdinand (1991): Gemeinschaft und Gesellschaft. Grundbegriffe der reinen Soziologie. 3., unveränd. Aufl., Neudr. der 8. Aufl. von 1935, zuerst 1887. Darmstadt: Wiss. Buchges (Bibliothek klassischer Texte).

Trier, Matthias; Bobrik, Annette (2010): Dynamische Analyse von Netzwerken elektronischer Kommunikation, Kann der Zentralität getraut werden? In Christian Stegbauer (Ed.): Netzwerkanalyse und Netzwerktheorie: ein neues Paradigma in den Sozialwissenschaften. 2. Auflage. Wiesbaden: VS, Verl. für Sozialwiss, pp. 323–334.

Urwick, Lyndall F. (1956): The Manager's Span of Control. In: *Harvard Business Review* (May/June), S. 39–47.

Vedres, Balázs; Stark, David (2010): Structural Folds: Generative Disruption in Overlapping Groups1. In *American Journal of Sociology* 115 (4), pp. 1150–1190. DOI: https://doi.org/10.1086/649497.

Watts, Duncan J. (2003): Six degrees. The science of a connected age. New York [etc.]: W.W. Norton.

Weber, Max (2002, zuerst 1922): Wirtschaft und Gesellschaft. Grundriss der verstehenden Soziologie. 5., rev. Aufl., Tübingen: Mohr-Siebeck.

White, Harrison C. (1992): Identity and control. A structural theory of social action. Princeton NJ: Princeton Univ. Press.

White, Harrison C. (2008): Identity and control. How social formations emerge. 2. Ed., Princeton NJ u. a.: Princeton Univ. Press.

Wolf, Christof (2010): Egozentrierte Netzwerke: Datenerhebung und Egozentrierte Netzwerke: Datenerhebung und Datenanalyse. In Christian Stegbauer, Roger Häußling (Eds.): Handbuch Netzwerkforschung. Wiesbaden: VS Verlag für Sozialwissenschaften/Springer Fachmedien Wiesbaden GmbH Wiesbaden, pp. 471–483.

SPRINGER NATURE

GPSR Compliance

The European Union's (EU) General Product Safety Regulation (GPSR) is a set of rules that requires consumer products to be safe and our obligations to ensure this.

If you have any concerns about our products, you can contact us on ProductSafety@springernature.com

In case Publisher is established outside the EU, the EU authorized representative is:

Springer Nature Customer Service Center GmbH
Europaplatz 3
69115 Heidelberg, Germany

The manufacturer's authorised representative in the EU is Springer Nature Customer Service Centre GmbH, Europaplatz 3, 69115 Heidelberg, Germany. If you have any concerns regarding our products, please contact ProductSafety@springernature.com

Printed and bound by CPI Group (UK) Ltd, Croydon, CR0 4YY

25/03/2026

02078179-0010